矢島さとしのまるごと

北海道みやげの歴史

北の名産品ファイル

北の名産品ファイル

●五勝手屋羊羹

北海道銘菓の中で最も歴史が古い銘菓。

●お城最中

天守閣再現築城を記念し作られた最中。

●トラピストバター・クッキー・バター飴

修道院の労働で生産されたバター等の乳製品を利用して生まれた。

●大沼だんご

掛紙の絵と文字を書いたのは、京都在住の俳人花本聴秋である。

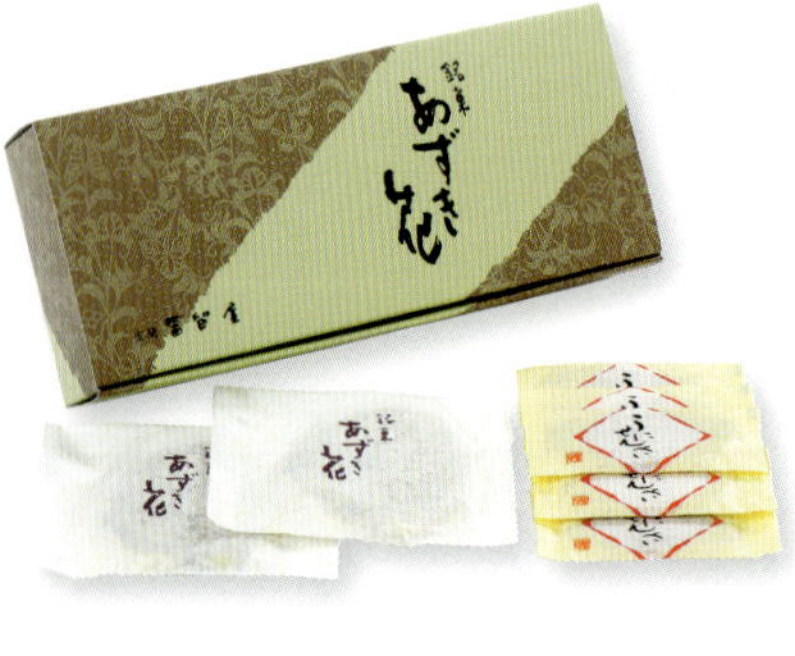

●あずき花とうにせんべい

全国的にみても最も贅沢なせんべい。

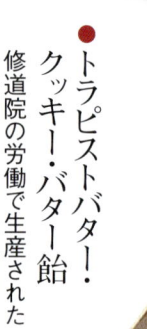

花園だんご

花園公園あたりで売られていた。

わかさいも

それぞれの故郷の焼き芋の味を、お菓子に。

よいとまけ

ハスカップとカステラを組み合わせた郷土銘菓。

大甞飴《たいしょうあめ》、きびだんご

北海道生まれ、日本一のきびだんご。

山《やま》親《おや》爺《じ》

作家や画家などの文化人や大学教授に愛好者が多かった。

白い恋人

このネーミングは新しい北海道のイメージを広げていった。

月寒あんぱん

アンパン道路と配給あんぱんからはじまる。

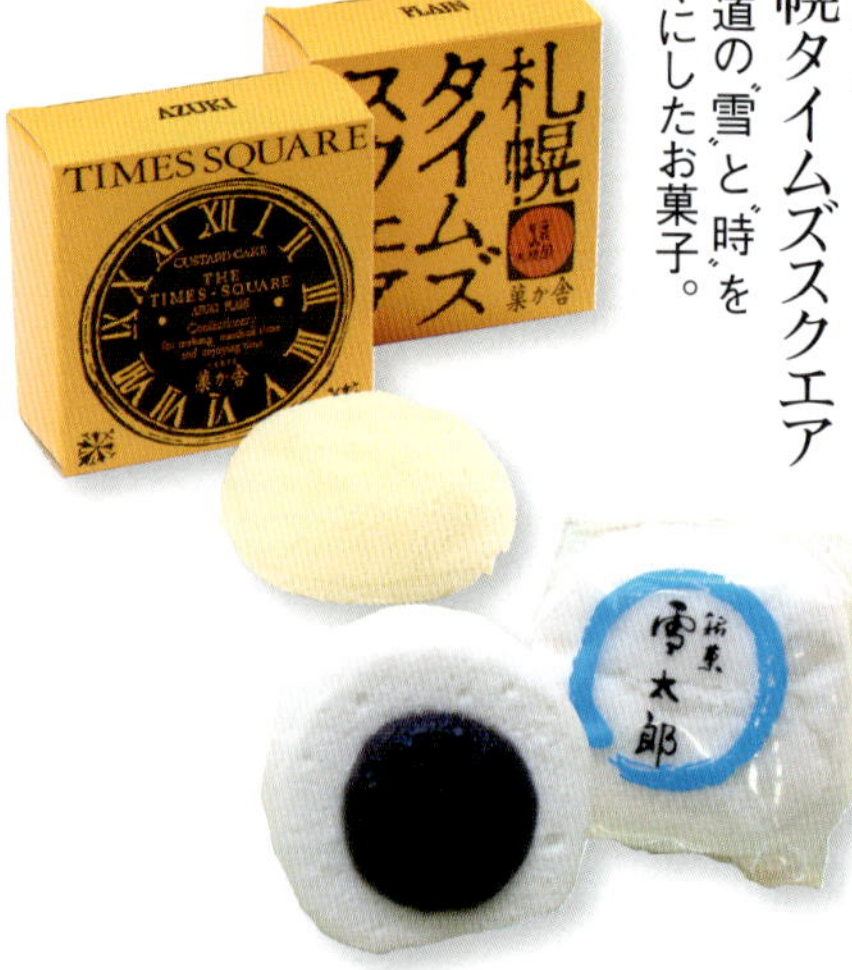

雪太郎、札幌タイムズスクエア

北海道の〝雪〟と〝時〟をテーマにしたお菓子。

● まりもの古里羊かん

阿寒湖のまりもの
絶滅を危惧したことから生まれた。

● 塊炭飴《かいたんあめ》

石炭をヒントに
炭鉱名物としてつくられた。

● 煉化餅

啄木が食べ損ねた
煉瓦餅。

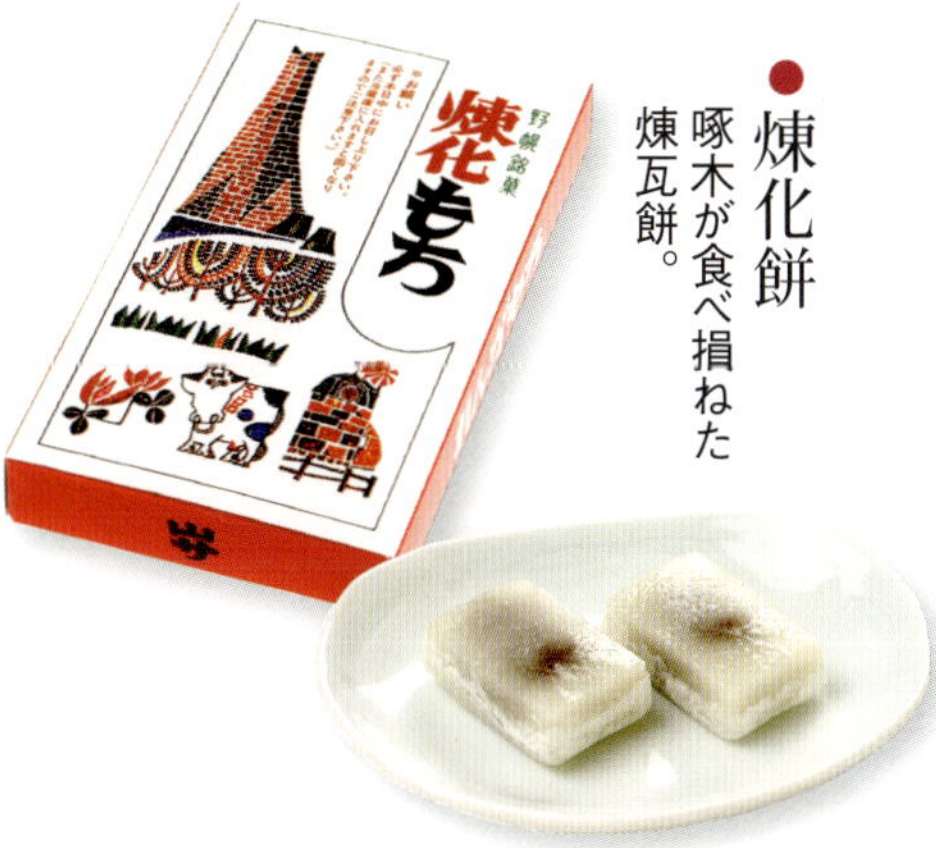

● 旭豆

十勝産の大袖振大豆を
ビート糖で衣がけした豆菓子。

● ウロコダンゴ

留萌線開通を記念して
製造された
駅売りダンゴ。

●き花

ダイヤモンドダストの輝きを菓子に表現。

●氷点下41°

作家三浦綾子さんの名作『氷点』に因んでつくられた。

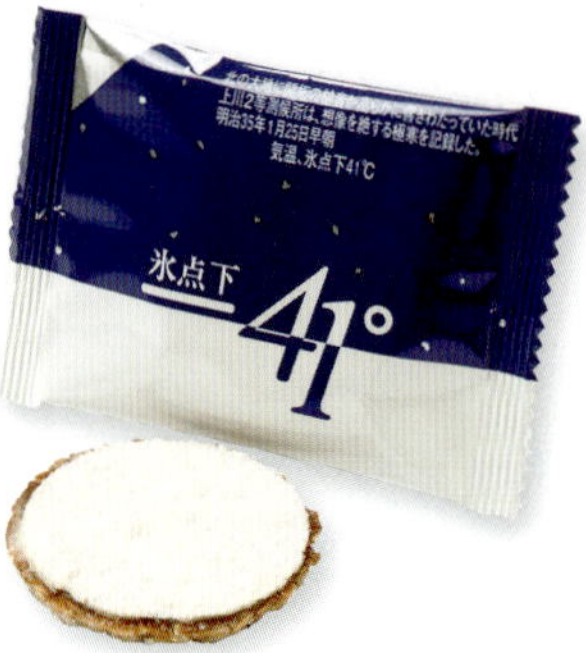

●ひとつ鍋、マルセイバターサンド

十勝開拓・晩成社に因む菓子類。

●ハッカ樹氷、薄荷羊羹

大正から昭和初期にかけてのハッカ王国で育まれた菓子。

バナナ饅頭

ハイカラな洋風菓子。

丹頂鶴の卵

卵型に焼きあげるのに
約1年半かけてこだわった。

標津羊羹

しつこい甘さのない
上品で淡泊な味。

三方六

白樺の薪が暖かく燃える
家族団欒がイメージ。

三石羊羹

日高路の
名産としてのみやげ。

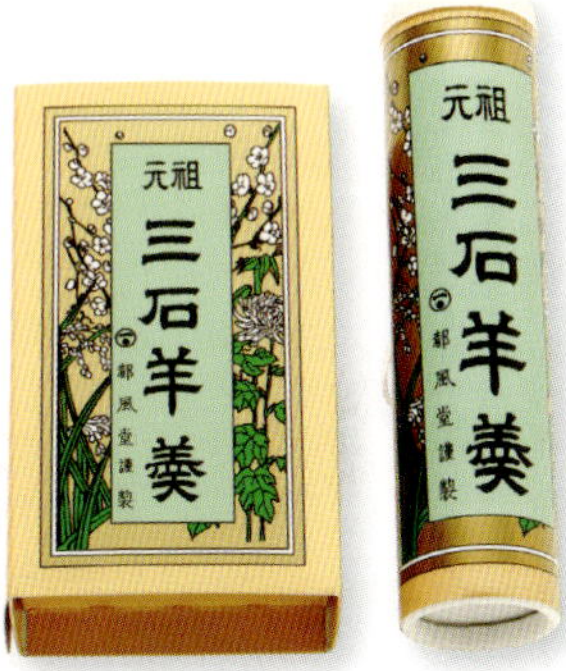

松前漬

道南地方の家庭料理から名産品へ。

いか塩辛

昭和40年代の低塩化で
みやげ物として飛躍した。

するめ

戦前は、全国の生産量の
7～8割を占めその多くが
中国へと輸出された。

いか粕漬

正月のおせち料理に
欠かせない函館の冬の
味覚だった。

いか珍味

函館の珍味加工は、昭和30年代のはじめに大きく成長した。

いか徳利

函館市農水産課が企画した名産品。

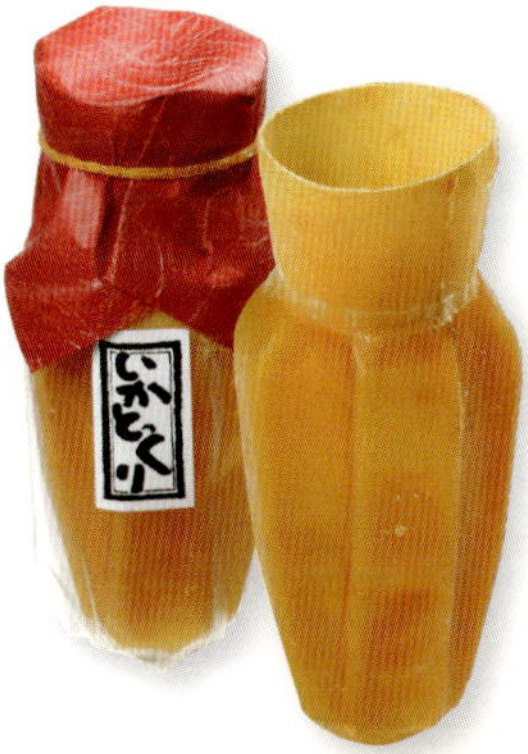

スモークサーモン

鮭の燻製は、明治初期の開拓使による製造試験がはじめである。

筋子、イクラ

イクラは和名で鮞《はららご》、ロシア語でイークラという。

石狩味

石狩の鮭を使った名産品。

鰊切込み

脂肪の少ない走り鰊を使い、塩と糀で漬け込んだ漁場料理。

鰊燻製

明治時代からの根強い人気の名産品。

カズノコ

正月などの祝い事に欠かせない食材。

帆立貝柱

貝柱を煮て干した白乾の製造は、明治31年頃からといわれている。

紅葉子

紅葉のような赤色に漬けることから紅葉漬といわれるようになった。

北海道昆布

14世紀の文献にも記され、北海道で最も古い名産品。

わかさぎ筏焼

大沼の名物が伝えられ、網走湖の名産品ともなっていった。

昆布加工品

長崎貿易として清国に輸出した刻み昆布は、重要な産物であった。

うに缶詰

昭和30年代の北海道旅行ブームによって名産品の一つに数えられるようになった。

蒲鉾

札幌、小樽の地の利を生かした名産品。

かね彦　かま栄

●ハム、ソーセージ
ある職人の伝統製法へのこだわり。

●煉乳
余剰乳の活用法として作られた。

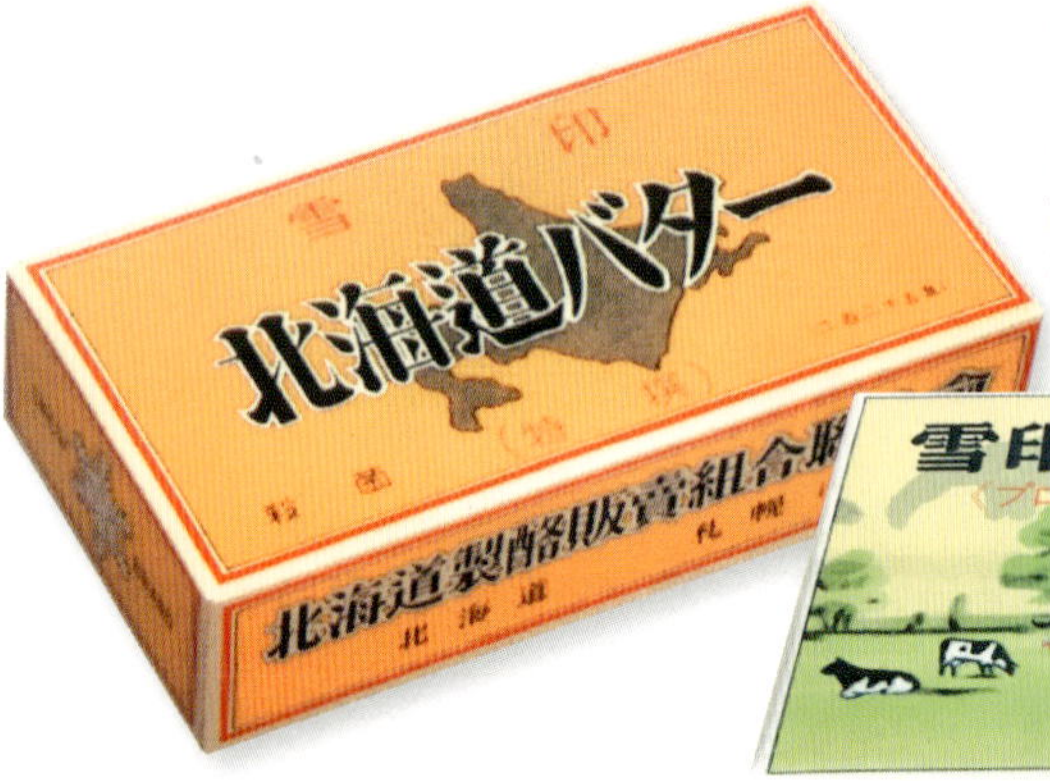

●バター、チーズ
欧米型農法の導入より誕生。

●アスパラガス
大正末期の
缶詰工場設立がきっかけ。

木彫熊

戦後の代表的な木工品みやげ。

ニポポ

樺太アイヌに伝わる人形がモデル。

織物

色合い豊かな織物品。

優佳良織

熊ボッコ

新しい木彫りの熊を可愛らしく。

矢島さとしのまるごと 北海道みやげの歴史 北の名産品ファイル

目次

まるごと銘菓ファイル

五勝手屋羊羹

江差町　株式会社五勝手屋本舗

豆で紋菓子を作り、松前藩主に献上したのがはじまり。北海道で最も歴史が古い銘菓。

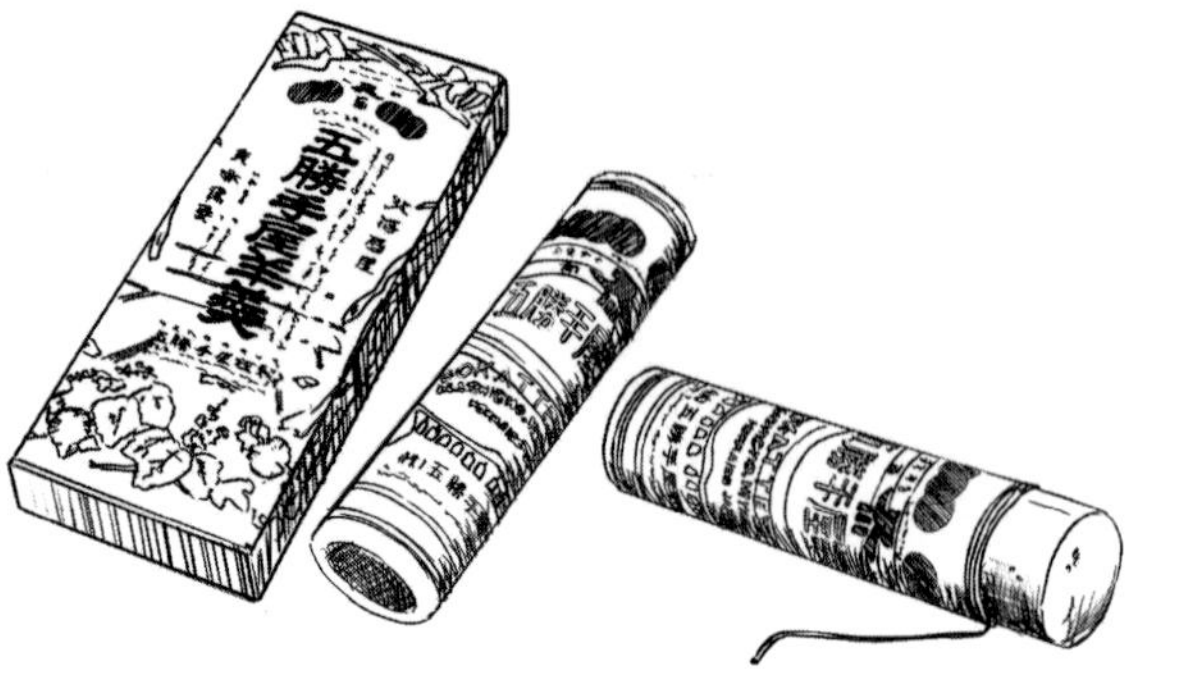

● 五勝手屋羊羹の由来と歴史

江差は近世松前地の時代に鰊漁と北前船の交易で発展した港で、「江差の五月は江戸にもない」といわれたほど栄えた町である。

五勝手屋本舗の遠祖がこの地に移り住んだのは慶長年間（１５９６〜１６１５年）といわれている。また、付近に豊富な森林資源があり、檜（アスナロ檜）やトド松の造材がさかんで、南部地方の杣人《そまびと》、五花手組も慶長年間から住みつき、後に五勝手村となる。

この地で試みに豆を栽培したところ予想以上の良い収穫があり、この豆で紋菓子を作り松前藩主に献上したのが五勝手屋の祖で、菓子造りのはじめであるといわれている。

だが、五勝手屋羊羹の本格的な製造は明治維新後であり、明治３（１８７０）年に北海道産の豆と、北前船で運ばれてきた砂糖と寒天を使って羊羹を製造販売したのがはじめであるとされている。羊羹の製造販売は順調で、明治時代の『江差繁昌記』などに五勝手屋の紹介記事がみられるが、明治34年刊行の『江差』には「小笠原藤作　五勝手屋と称す菓子類の製造及販売を為す餡物を以て名あり」とある。

その後、製造に工夫改良がくわえられ、普通の流し羊羹のほか、昭和14（１９３９）年には羊羹にはめずらしい筒状の丸缶の容器が作られ、昭和60年にはミニタイプが作られている。

なお、五勝手屋羊羹は、現在製造販売されている北海道銘菓のなかで最も歴史が古い銘菓である。

お城最中

松前町　株式会社北洋堂

日本の最北に位置する福山城（松前城）。その天守閣再現築城を記念し作られた最中。

●お城最中の由来と歴史

福山城は松前藩第17世藩主崇広《たかひろ》が安政元（1854）年に福山（現、松前町字松城）に築いた城で、近世日本の城郭建造物では最後の築城であるとともに日本の最北に位置する城である。維新後の明治7～8年頃、政府によって天守閣、本丸御門、本丸表御殿を残して取り払われ、本丸表御殿は明治33（1900）年頃まで小学校として使われたが、松城小学校新築のため玄関部分を残して解体された。

その後、昭和16（1941）年には天守閣、本丸御門が国宝に指定されるが、天守閣は昭和24年に焼失する。松前町にとってお城は誇りである。とくに天守閣は近世からの古い歴史を示す町のシンボルでもあり、昭和35（1960）年には町民の熱意によって天守閣が再現築城されている。

その天守閣再現築城を記念して作られたのがお城最中である。この銘菓を製造した北洋堂は、昭和以前から漁師のかたわら小さな菓子屋を営んでいた創業者の木田周が、現在の地に菓子専門店「北洋堂」として昭和12年5月に開店したのがはじまり。経営が軌道に乗りはじめた2年後の昭和14年11月に福山地区より出火した火事で類焼し全焼する。失意のあまり廃業も考えたが、函館で旅館業を営む親戚が協力、菓子店を再建し営業を再開した。

お城最中が販売された昭和35年頃は、高度成長時代で道内観光がさかんとなっている。北海道で最も古い歴史をもつ松前町は、福山城址や松前公園の桜を含め、道南地方の観光地の一つである。お城最中の製造販売には、松前観光の振興促進という背景があったといえる。現在北洋堂は、本瓦の屋根、漆喰壁と江戸時代の商家を思わせる佇まいの純和風店舗となっている。

トラピストバター!クッキー・バター飴

北斗市　灯台の聖母トラピスト修道院

修道院の労働で生産されたバターなどの乳製品を利用して生まれた品々。

● トラピストバター

トラピスト修道院は、明治29（1896）年にフランス人の修道士によって上磯町（現、北斗市）に創立された聖ベネディクトの戒律を守るカトリックの修道院である。修道士達は、祈り、働けの精神で聖ベネディクトの戒律を忠実に守り、原野を開拓し農耕に勤しみ、自給自足の生活で、明治36年にはオランダからホルスタイン種乳牛を輸入して繁殖し、バターを作るなど、道南地方の酪農・畜産の基を築く役割を果たしている。このような修道院の労働で生産されたバターなどの乳製品の一部は、院内で消費されるだけでなく、明治36年から函館市民などにも販売され、大正に入る頃には道南名物になっている。開道50周年を記念して大正7（1918）年に編集された『開道五十年記念　北海道』には、トラピスト修道院の製品を販売する店として「函館末広町二十五番地　トラピスト修道院製酪部乳品販売所、函館汐止二番地　食パン類西洋菓子製造販売所　合資会社　養和軒、函館区相生町八十番地　和洋菓子製造販売所　開運堂　天間岩蔵」と広告が出されている。また、昭和12年頃の函館丸井今井百貨店の広告チラシ『函館のご案内』でも、北海道の名産品のなかにトラピストバターが入っている。

● クッキーとバター飴

ここで作られたトラピストクッキーやバター飴も古くから販売されている。

トラピストクッキーは、小麦粉、バター、砂糖他などの原材料で作る楕円形のクッキーで、癖がなくサクサクした素朴な口触りは、お菓子の原点を感じさせるものである。また、トラピストバター飴も砂糖、水あめ、バター等を原材料に製造された飴で栄養価が高く、牧場の香りがするような爽やかな味である。

大沼だんご

七飯町　株式会社沼の家

小豆餡（大沼湖）、醤油餡（小沼湖）に浮かぶ団子を126の島に見立てた折詰め団子。

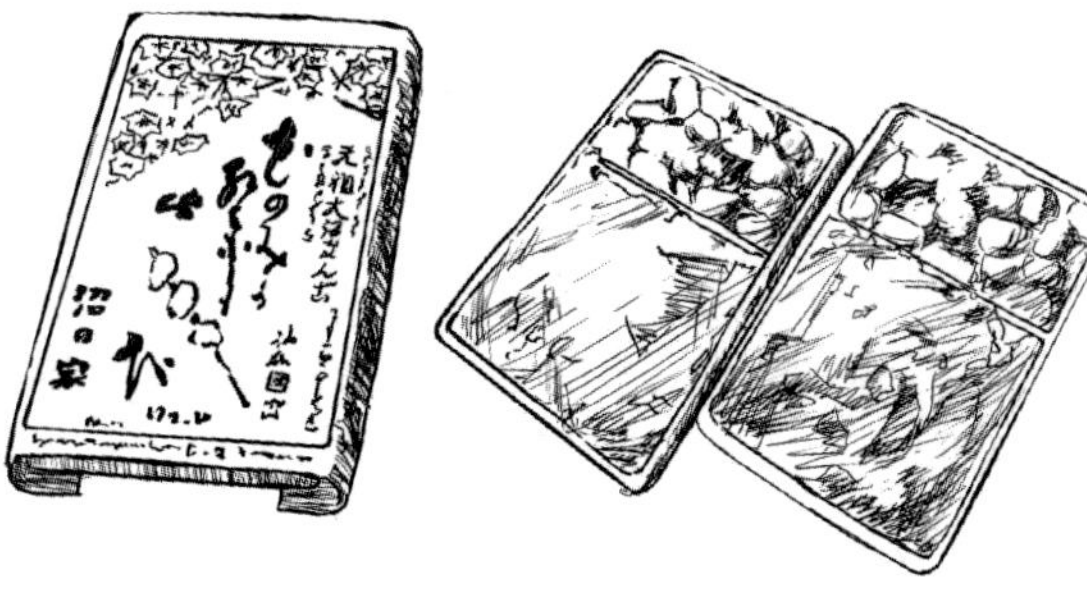

● 大沼だんごの由来と歴史

大沼および駒ヶ岳は近世松前藩の時代から知られた景勝地で、明治36（1903）年に鉄道が大沼駅まで開通すると、訪れる行楽客が増え、大沼公園と命名されて道立公園として整備されることになる。この頃に大沼に移住したのが沼の家の初代堀口亀吉で、観光客のみやげとして新粉の団子を作り、売り出したのがだんご製造販売のはじめである。

なお、名物となった大沼だんご製造の由来は、『七飯町史』などによると、当時大沼の駅長であった山口八重次郎が、旅館旭屋の女主人にすし米で餅を作る方法を教え、これに「大沼羽二重餅」と名付けて売らせたのが最初で、翌明治38年に堀口亀吉がこれをさらに改良して「大沼だんご」として売り出したといわれている。

大沼だんごは古くから今日まで「花のみか　紅葉にも此（だんごの絵）哉」と書かれた包装紙（掛紙）がかけられている。この掛紙の絵と文字を書いたのは京都在住の俳人花本聴秋である。聴秋は北海道と関わりの深い俳人で、北海道を周遊し各地で句を詠んでいるが、大沼では「秋はいま十一州の　ほまれかな」の句を残している。

なお、花本聴秋がこの掛紙を書いたのは大正時代のはじめといわれているが、明治37年に初版が出され、同44年に増補が出された『北海道旅行案内』（函館、鴻文社）に同じ図柄の絵と文が挿入されていることからみると、これが書かれたのは大沼だんごが発売されてまもなくの頃と考えられる。大沼だんごは串刺しの団子ではなく折詰めの団子で、小豆餡（大沼湖）及び醤油餡（小沼湖）に浮かぶ団子は126の島に見立てたもので、初代亀吉のアイディアといわれている。

あずき花とうにせんべい

室蘭市　株式会社富留屋

北海道でなければ作れない菓子に取り組んできた道産の銘菓。

● 室蘭と富留屋

時代とともに衰退したといえるが、室蘭市は明治5（1872）年の開港以来、海運、造船、鉄鋼の町として、北海道の工業都市の中心的な役割を果たしてきた、歴史と文化をもつ都市である。

明治31（1898）年の創業以来、この町で菓子の製造を続けてきた富留屋は、室蘭ばかりではなく全国的に名の知られた菓子舗である。とくに三代目の当主、古谷富雄は、菓子製造一筋の信念をもち、全国の菓子協会の役員を長く務めるなど功績も大きいが、早くから道産の原料で、北海道でなければ作れない菓子の製造に取り組んできた道産銘菓の開拓者の一人である。

● あずき花とうにせんべい

この店の銘菓あずき花は、昭和53（1978）年頃に古谷富雄が製造販売をはじめた菓子である。夏になると十勝、日高などの小豆畑では、短い夏を謳歌するかのように可憐な小豆の黄色い花が咲き乱れるが、あずき花はこのような情景をイメージして作られた銘菓である。小豆を散りばめた一見厚焼きせんべい風の焼き菓子であるが、饅頭を平らにするという発想から生まれた菓子で、生地の間に小豆餡が薄くはさまれ、つぶれていない粒餡が花のように顔をだすという独自の個性をもつ。

うにせんべいは焼うに、小麦粉、卵黄、バターなどを原料とするせんべいで、富留屋では昭和29（1954）年頃から販売するようになったといわれている。うには古くから室蘭地方の名産品であるが、菓子に使うには高価過ぎる材料で、全国的にみても最もぜいたくなせんべいであるといえる。

なお、これとは別に室蘭では明治時代から同じ名のうにせんべいが販売されていた。例えば明治44（1911）年に発行された『東宮殿下北海道行啓画報』の広告に「室蘭町、岩本罐詰製造所　うに、うにせんべい、やきうに、燻製鮭、うに佃煮」とあり、同町の渡辺水産製造所も同様の広告を掲載している。このせんべいは当時全国的な名物となっていたようで、大正7（1918）年の『北海道百番附』の食物番附では「前頭　室蘭　雲丹煎餅」と名産の前頭にあげられている。

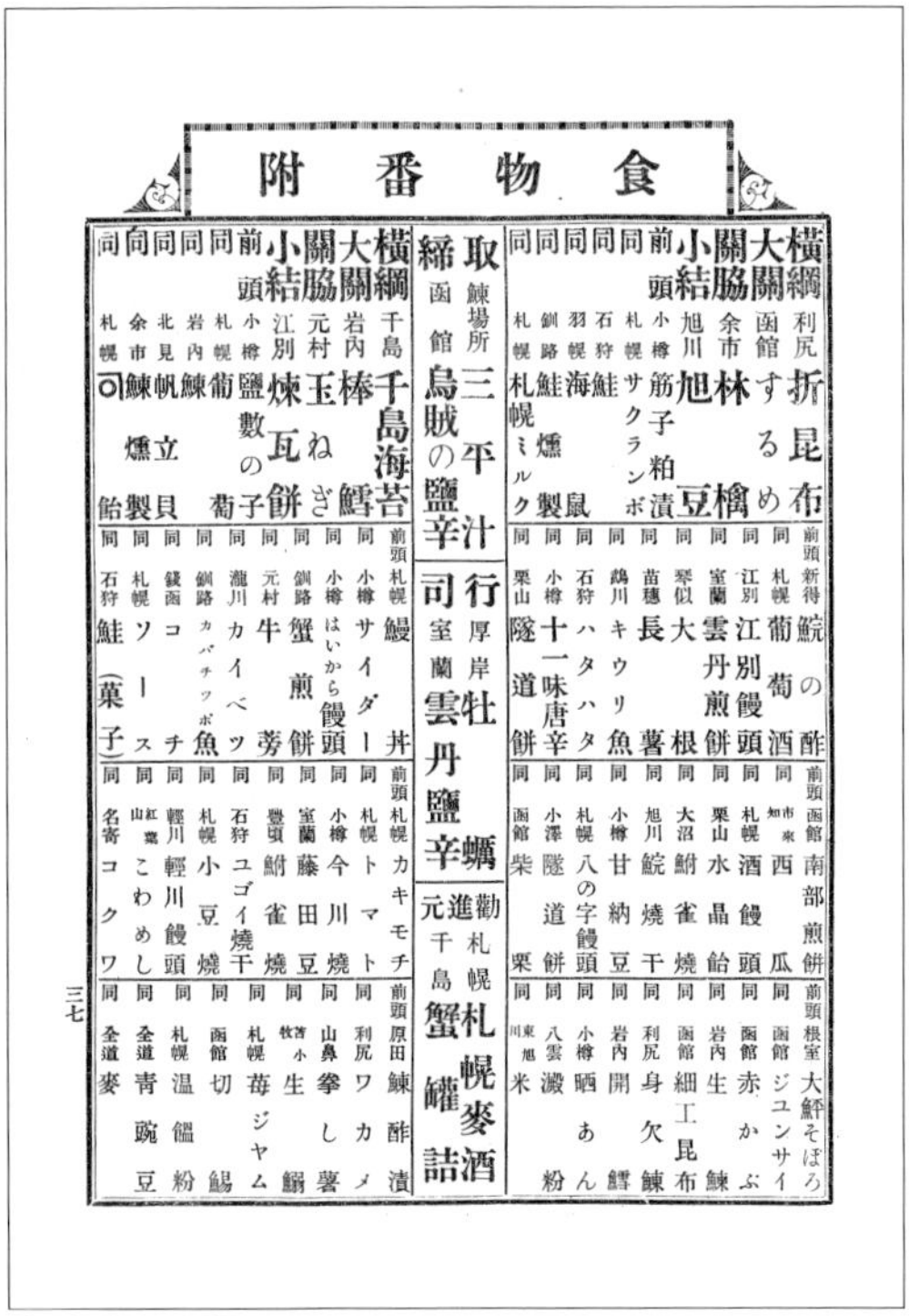
食物番附

横綱 利尻 折昆布
大關 函館 するめ
關脇 余市 林檎
小結 旭川 旭豆
前頭 小樽 筋子粕漬
同 札幌 サクランボ
同 石狩 鮭
同 羽幌 海鼠
同 釧路 鮭燻製
同 札幌 札幌ミルク

前頭 新得 鯇の酢
同 札幌 葡萄酒
同 江別 江別饅頭
同 室蘭 雲丹煎餅
同 琴似 大根
同 苗穂 長薯
同 鵡川 キウリ魚
同 石狩 ハタハタ
同 小樽 十一味唐辛
同 栗山 隧道餅

前頭 函館 南部煎餅
同 市来知 西瓜
同 札幌 酒饅頭
同 栗山 水晶飴
同 大沼 鮒雀焼
同 旭川 鯇焼干
同 小樽 甘納豆
同 札幌 八の字饅頭
同 小澤 隧道餅
同 函館 柴栗

前頭 根室 大鮃そぼろ
同 函館 ジユンサイ
同 函館 赤かぶ
同 岩内 生鰊
同 函館 細工昆布
同 利尻 身欠鰊
同 岩内 開鱈
同 小樽 晒あん
同 八雲 澱粉
同 東旭川 米

取締 鰊場所 三平汁
函館 烏賊の鹽辛
行司 厚岸 牡蠣
室蘭 雲丹鹽辛
勧進元 札幌 札幌麥酒
千島 蟹罐詰

横綱 千島 千島海苔
大關 岩内 棒鱈
關脇 元村 玉ねぎ
小結 江別 煉瓦餅
前頭 小樽 鹽數の子
同 札幌 葡萄
同 岩内 鰊
同 北見 帆立貝
同 余市 鰊燻製
同 札幌 可飴

前頭 札幌 鰻丼
同 小樽 サイダー
同 小樽 はいから饅頭
同 釧路 蟹煎餅
同 元村 牛蒡
同 瀧川 カイベツ
同 釧路 カバチツポ魚
同 鏡函 コチ
同 札幌 ソース
同 石狩 鮭（菓子）

前頭 札幌 カキモチ
同 札幌 トマト
同 小樽 今川焼
同 室蘭 藤田豆
同 豊頃 鮒雀焼
同 石狩 ユゴイ焼干
同 札幌 小豆焼
同 輕川 輕川饅頭
同 紅葉山 こわめし
同 名寄 コクワ

前頭 原田 鰊酢漬
同 利尻 ワカメ
同 山鼻 拳し薯
同 苫小牧 生鰯
同 札幌 苺ジヤム
同 函館 切鯣
同 札幌 温饂粉
同 全道 青豌豆
同 全道 麥

三七

『北海道百番附』

わかさいも

洞爺湖町　株式会社わかさいも本舗

故郷の焼き芋の味を、北海道で工夫して作ってみたいという思いから生まれた。

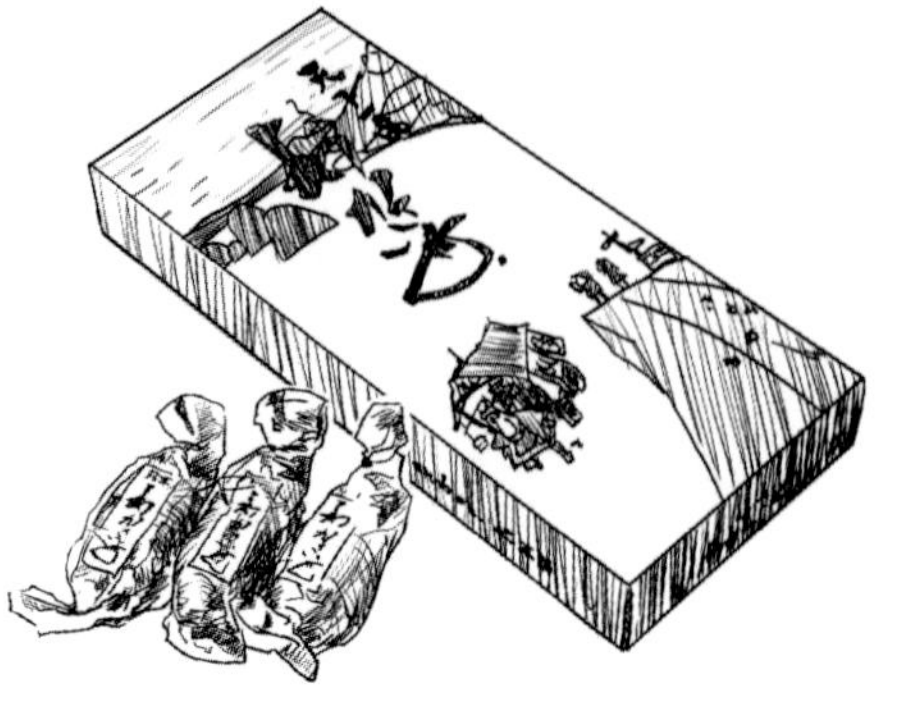

●黒松内駅のやきいも

わかさいもは、昭和5（1930）年に洞爺湖温泉及び虻田地方の郷土菓子として誕生し、今日まで北海道の名物として販売されてきた銘菓である。だが、この菓子の製造販売のはじめはもう少し古く、「やきいも」の菓子名で大正12（1923）年頃から黒松内駅で販売されていた。

この菓子を製造したのは当時、函館本線黒松内駅で構内立売業者として大福餅や饅頭の製造販売をしていた若狭函《はこ》寿《す》である。

商売熱心な函寿はこの地方のみやげとなる名物菓子を作ることを考え、北海道に移住した開拓者たちが懐かしがった故郷の焼き芋の味を、さつまいものとれない北海道で工夫して作ってみたいと思ったのが製造のきっかけであったといわれている。

●洞爺湖温泉での発売

このようななか昭和3年9月に函館本線と室蘭本線を結ぶ長輪線の開通による虻田駅（現、洞爺駅）の開業、さらに翌4年の洞爺湖電気鉄道の営業が始まると、洞爺湖及び温泉に多くの客が訪れるようになり北海道屈指の観光地として発展する。

若狭屋は昭和5年にさらなる飛躍をめざし洞爺湖温泉に移転し、やきいもの販売をはじめるが、販売競争の激しい観光地では他の業者に商品を模倣される恐れがあることから、菓子の名称も変えた方がよいという友人のアドバイスでわかさいもとしたといわれている。

わかさいもの名は当時の屋号「若狭屋」から名付けたものであり、これを提案したのが友人の唯《ゆい》是《ぜ》日出彦であるといわれている。唯是は画家であるとともに小樽新聞社の社員でもあり、ジャーナリストとしても活躍した人物である。

その後、戦時の食料統制による製造の中断もあったが、昭和25（1950）年には製造販売を再開し、昭和30年代の北海道観光旅行ブーム以降、観光みやげとして大きくクローズアップされたばかりでなく、日常のおやつとしても道民に永く愛され今日に至っている。

菓子の名称は「わかさいも」であるが、原材料は芋類ではない。北海道の大福豆の餡に金糸昆布を加え、小麦粉と鶏卵で作った生地で包んで芋の形に整え、醤油と卵をつけて焼き上げて、さつまいもの風味を出した菓子である。北海道の名産品の一つである大福豆や大手亡の餡を使い、海の名産品である昆布を加えてさつまいもの繊維の食感を出すなど、材料も菓子製造の発想も北海道的といえる菓子である。

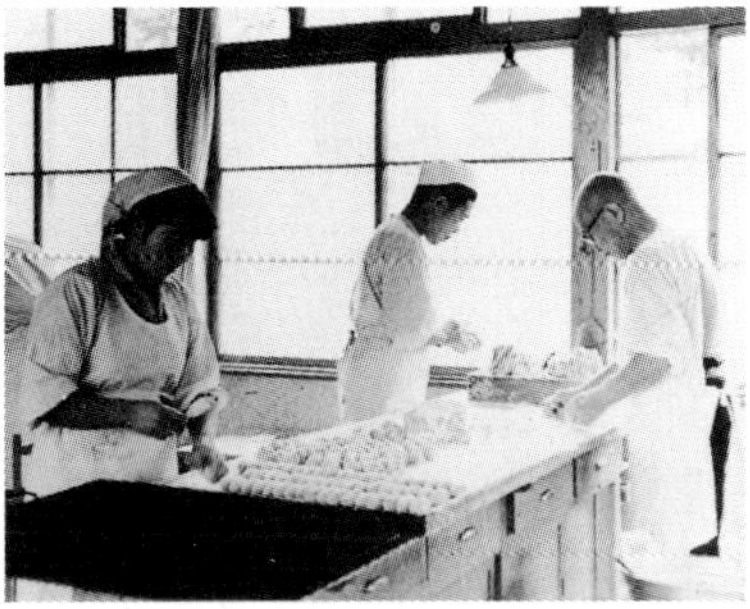
わかさいもづくりに励む函寿（右）・幸蔵（左）

アイディアマンだった函寿は器用で何でも自分で作った

花園だんご

小樽市　株式会社菓匠　新倉屋

花園公園あたりで売られていただんごは、花園だんごと呼ばれて人気だった。

●花園だんごの由来と創業

商業のまち、金融のまち、海運のまちとして発展した小樽市は、明治・大正・昭和の戦前は大変な活気を示し、繁華街には飲食店、劇場、商店が軒を連ね、花見や祭りには人出で賑わっていた。住民や港湾労働者などを目当てにした餅や饅頭の立売も繁盛したが、とくに花園公園（小樽公園）あたりで売られていただんごは花園だんごと呼ばれ、人気があった。

花園町に店を構え本格的に花園だんごの製造販売をはじめたのが新倉屋である。新倉屋は明治28（1895）年に創業した酒・米穀販売商の大阪屋の商売を受け継ぐ商店で、明治37年の大火のあと花園町に移り営業を続けるが、花園だんごを販売するようになるのは昭和11（1936）年頃といわれている。

販売をはじめた頃の花園だんごは糸切りだんごを串に刺した普通のだんごであったが、二代目の店主がだんごに独特の形で餡をのせる山形一刀流の技術を考案して評判となり、花園だんごは小樽・札幌地方の名物となった。

だんごの生地には粳米《うるち》100％を碾《ひ》いた上新粉を蒸し、練ってから水槽に入れて熱がなくなるまで十分冷却する。決して砂糖は加えない。その後、臼で搗《つ》いてシコシコとしたコシのある生地に仕上げ、だんご状に形成し、4個ずつ3寸6分（約11㎝）の串に刺す。これに白餡、こし餡、抹茶餡、ごま、しょうゆ餡をのせるが、餡は西洋包丁で、山形に弧を描くように美しくのせる山形一刀流と呼ばれる技術が必要である。

なお、花園だんごは品質を守るため、作ったその日に売り切る、日持ちは一日というのが長く守られてきた鉄則である。

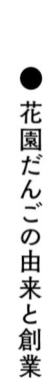

よいとまけ

苫小牧市　株式会社三星

労働者が丸太の積み降ろし作業で歌う、よいとまけの唄が聞こえる町で生まれた。

● よいとまけ製造の由来

苫小牧で王子製紙の工場が操業を開始するのは明治43（1910）年である。その後、製紙工場の町として発展し、いつも労働者たちがパルプの原料となる丸太の積み降ろし作業で歌う、よいとまけの唄が聞こえる町であった。一方、郊外には自然が残り、近くの勇払原野には、夏になるとここにしか自生しないハスカップが、紫色の小さな実をつけていた。

戦後の復興が進む昭和28年に苫小牧の小林三星堂（後の三星）がハスカップの実からジャムを作り、カステラの生地にジャムをのせて巻き込み、丸太のように仕上げたロールカステラを製造販売した。これが苫小牧銘菓となったよいとまけである。

三星は創業が明治31年という古い歴史をもつ老舗の菓子店で、戦前の貧しくとも良き時代の苫小牧の生活の思い出を残すことを、菓子に託して製造したといわれている。

なお、ハスカップは、地元では〝ゆのみ〟と呼ばれて、菓子などの材料としてかなり古くから利用されていた。昭和2年に北海タイムス（現、北海道新聞社）が読者の投票で順位を決めた『北海道・樺太名産投票』の菓子の部で「ハスコップ羊羹（沼ノ端）二、二五三票」が14位になっている。当時、ハスカップ羊羹を製造したのは、駅弁の販売でも知られるハスカップ園近藤商事である。

三星広告（『観光北海道』1965年版より）

大嘗飴《たいしょうあめ》、きびだんご

栗山町　谷田製菓株式会社

大正天皇の即位後の大嘗祭にちなみ大嘗飴を発売。北海道生まれの日本一きびだんご。

● 大嘗飴、きびだんごの製造販売

きびだんごで有名となった谷田製菓は、谷田可思三が大正2（1913）年に室蘭本線鉄道踏切の近くに水飴工場を創設したのにはじまる。大正4年、大正天皇の即位後の大嘗祭にちなみ、水飴を加工し大嘗飴を発売したところ、大変な売れ行きをしめし、製菓会社の基礎を固めている。さらに大正8年、第一次世界大戦の終結を記念して飴菓子の平和糖を製造販売するが、谷田製菓の名を全国的に知らしめたのは谷田のきびだんごの製造販売である。

きびだんごの由来については今日販売されているきびだんごの包装紙に「大正十二年弊社の創製したもので、北海道開拓の精神を折り込み『起備団合』の名称で発売し今日まで北海道の銘菓として発展してきたものです」と説明されている。きびだんごは子供の菓子としても人気があり、昭和2年に北海タイムスが開催した『北海道・樺太名産投票』では菓子の部の4位に入り、北海道の名物となっている。

● きびだんごの軍需生産と戦後の製造販売

きびだんごは、おとぎ話の桃太郎の関連から当時の軍国主義高揚の世相の後押しをうけ、売り上げを伸ばすとともに、陸軍の糧食として採用されている。日中戦争がはじまるときびだんごは前線に送られるようになり、昭和15年に兵庫に、同17年には天津《てんしん》に工場を建設するなど軍需が主となり、国民の口には入らない銘菓となっている。

戦後になって民需に切り換えた製造販売をはじめ、食料がまだ不足し菓子類の製造が少なかった時代には、大嘗飴もきびだんごも作れば売れるという状態であった。

だが、昭和40年代に入ると売り上げが減少し、大甞飴は一時製造を中止したが、昭和50年代に入り消費者の強い要望で、再び製造を始めている。なお、昭和40年1月1日の北海道新聞の広告によると当時の谷田製菓の商品は「日本一きびだんご、大甞飴、水飴、ココア、ミルクコーヒー、ハッスル、シトロンソーダー、クリームソーダ」となっている。

発売当時の「大甞飴」の包装紙

大正12年に創製し、名前を考えていたおり、手元にあった桃太郎の絵本を見て、また関東大震災の復興を北海道開拓時代の助け合いの精神で努めてもらいたいと「起備団合」という字を当て販売

山親爺《やまおやじ》

札幌市　千秋庵製菓株式会社

旅行客に人気があり、特に作家や画家、文化人や大学教授に愛好者が多かった。

●札幌千秋庵の創業と山親爺の誕生

山親爺など数々の銘菓を製造した札幌千秋庵の創業は、大正10（1921）年である。群馬県に生まれ東京の和菓子店で修行した腕の良い菓子職人の岡部式二が、大正7年の開道五十年記念北海道博覧会に菓子を出品することになった小樽千秋庵の招聘で来道し、博覧会終了後も工場長として小樽に残り、翌年に独立して札幌で千秋庵の暖簾を掲げ、菓子店を開業したという経緯があった。

山親爺の製造販売は札幌千秋庵の経営が確立する昭和5（1930）年であるといわれている。形状は煎餅、味はクッキーに近い洋風煎餅ともいえるこの菓子には、新鮮なバター、牛乳、卵、小麦粉などの原料が使われている。

この銘菓の名称である山親爺は、古くからヒグマの愛称として使われてきた言葉である。ヒグマは開拓時代には人に恐れられた野性の荒々しい動物であるが、川で捕った鮭を笹の枝に通して運ぶが先の部分を結ぶ知恵がないので、歩いているうちに落としてしまう、というようなアイヌ民話の笑い話にも登場する、愛嬌のある動物でもある。

したがってこの洋風煎餅の全体の形は雪の結晶の模様で囲まれ、スキーを履いて笹に通した鮭を担ぐヒグマの姿が型押しされている。さらに山親爺を入れる化粧箱、ハイカラ缶などの図案もヒグマ、白樺の樹皮模様、雪の結晶の模様が使われており、すべての面で北海道を強調した郷土銘菓となっている。

だが、山親爺は戦前には札幌千秋庵の主力商品となっていなかったようで、広告類には載せられていない場合が多い。例えば、昭和12年の『札幌商工人名録』に掲載された広告には、「札幌千秋庵、北海道趣味豊かな内地御土産品、北海道銘菓登録商標、原始林、お花畑、五味千秋羊羹、蝦夷吹雪、千秋餅、華林檎」と6種の菓子が並べられているが、山親爺は見当らない。

まだ和菓子の多かった時代、バター、牛乳、卵、砂糖などの原料が高価であり、東京からきた旅行客などを対象とした贅沢な高級品の扱いで、大量に製造するに至らなかったためと考えられる。

●北海道観光銘菓

太平洋戦争中、札幌千秋庵は食料統制による原料不足などの理由で休業に追い込まれるが、戦後の昭和21（1946）年に店を再開し、昭和25年、食料統制が撤廃されると菓子類も自由に製造販売ができるようになる。

このころになると次第に鉄道交通が整備され北海道観光、札幌観光が盛んとなり、多くの人が札幌を訪れるようになるが、当時、札幌観光協会が修学旅行用の案内書として発行した『美しい札幌』をはじめ各種の案内書に、山親爺が札幌の銘菓として紹介され、昭和30年代になると山親爺は北海道を代表する銘菓、あるいは郷土みやげとなっている。

例えば、昭和37年には札幌千秋庵が観光客を喜ばせるための北海道の味として、原始林、さんぺ皿、成吉思汗、小熊のプーチャンバター飴、山親爺の5品を「北海道観光銘菓」と命名している。このなかで山親爺については「鹿児島からわざわざ指名でご用命いただくほど代表的な山親爺」と説明している。

山親爺は東京を中心とした本州からの旅行客に人気があり、とくに作家や画家などの文化人や大学教授に愛好者が多かった。北海道から仕事の打ち合わせなどで訪問する客にあらかじめ、みやげは山親爺と注文をつける人が多かったという話が伝わっている。

山親爺が誕生して以来、いつの時代も北海道を代表する銘菓としての位置を保ってきたこの菓子は、今日も健在で若い人にも人気があるが、とくに年配の人にとっては懐かしい味であり、贈られる人はもとより、贈る人が楽しい気分となる郷土名産である。

このほか、戦後の札幌千秋庵の銘菓として月の石、ノースマンなどの人気銘菓がある。月の石は昭和44（1969）年にアメリカのアポロ11号が月面に到着し、持ち帰った月の石を一般に公開したのを記念して発売された菓子である。また、昭和49年4月頃から発売されたノースマンは、小豆餡をパイ皮で包んだ菓子で、道産の材料を使い、開拓使以降の北の文化、北の人の自立と誇りをあらわした菓子である。

マスコミで全国的話題となったデラックス銘菓「宇宙菓 月の石」

千秋庵店舗（『札幌市特産品案内』昭和14年）

白い恋人

札幌市　石屋製菓株式会社

新しい北海道のイメージをひろげていったともいえるネーミング、白い恋人。

●白い恋人の発売と初期の広告

北海道を代表する銘菓、あるいは北海道みやげとして全国的に名が知られている白い恋人が発売されたのは、昭和51（1976）年である。発売とともに若い人たちの人気を得て売り上げを伸ばし、昭和55年には北海道の菓子売り上げランキングの第1位となっている。日本交通公社発行の『るるぶ』昭和53年2月号には「そのロマンチックな名前と、真っ白いパッケージが、メルヘンの世界を感じさせて若い女性の心をとらえた新製品。（中略）舌にのせると軽く崩れる微妙な感触が、フランス風でステキなお菓子」と紹介されている。

白い恋人を製造発売したのは、昭和22（1947）年創業の札幌の石屋製菓である。

昭和50年代に入ると、経済成長の影響もあり、社会全体の風潮として量から質への変化が求められ、菓子業界においても、従来の型を破った新しい菓子の製造に取り組む会社が多かった。

当時、北海道ではホワイトチョコレートのブームが起こり、石屋製菓ではホワイトチョコレートとラングドシャ・クッキーを組み合わせた新製品を開発している。創業者、石水幸安が降って来た雪を見て言った「白い恋人たちが降ってきたよ」という言葉がヒントになって商品名として決まったのだが、これは昭和43（1968）年フランス・グルノーブル冬季オリンピックの記録映画『白い恋人たち』が石水幸安の脳裏に残っていたのだろう。

北国にふさわしく、都会的なイメージのタイトルは、この映画の主題歌の甘い旋律とあいまって若い人たちの心をつかむことになる。

● 北海道の代表的銘菓

その後、白い恋人は全日空（ANA）の機内食に採用されたこともあり、北海道を訪れる人たちの間でも評判となる。観光シーズンには、空港の売店などで旅行者や観光客が先を争って購入する姿が見られるようになり、北海道を代表する名産品となった。

当時、観光みやげなどの仕事に携わっていた人たちの間では、この新しい菓子製造の噂を聞き、また広告などをみて、発売の前からこれは北海道の代表的な名産品となると考えた人が多かったといわれている。それほど当時の北海道のイメージを生かして作られた銘菓であり、この銘菓が売れることによって新しい北海道のイメージをひろげていったともいえる。

1980年頃の社屋

雪太郎、札幌タイムズスクエア

札幌市　株式会社三八　菓か舎

創業者である小林弥三八が当時の札幌区南2条東2丁目に開いた日之出屋菓子舗がはじめ。

●三八の創業と戦前の銘菓

札幌で長く銘菓を製造してきた三八の創業は、明治38（1905）年3月までさかのぼる。創業者である小林弥三八が当時の札幌区南2条東2丁目に開いた日之出屋菓子舗がはじめであり、のちの三八の社名は創業の年と創業者弥三八から命名したと伝えられている。

三八の初期の銘菓として知られているのは大正8（1919）年に製造販売したバター煎餅で、当時まだ高価であったバター、ミルク、砂糖をふんだんに使った新しい菓子として札幌の名物になっている。昭和に入ると、長崎カステーラ、チョコレート羊羹などを製造するが、昭和12（1937）年に札幌観光協会が作成した札幌の観光パンフレットのみやげの欄には「三八菓子舗、時計台、蝦夷餅、サトホロ、甘露」と紹介されている。これらの銘菓のうち、バター煎餅、時計台、蝦夷餅は戦後まで製造された息の長い銘菓である。

●雪太郎と札幌タイムズスクエア

戦中・戦後の暗い時代を過ぎ昭和30年代に入ると、戦後の復興とともに北海道観光が大きく発展し、銘菓や名産品の製造が盛んとなる。

このような時代を背景に生まれたのが三八の雪太郎である。ゼラチンを主原料とした白いマシュマロ風の生地のなかに餡を入れた、北海道の純白な雪を思わせるような和洋折衷の銘菓である。発売当時の雪太郎の栞には「僕は観光札幌を代表する文化の高い菓子であります」と、この銘菓に対する会社の意気込みが述べられている。

また、平成2（1990）年に発売された菓か舎の札幌タイムズスクエアは、北海道のあたらしい銘菓である。三八は「菓か舎」のブランド名で、札幌のシンボル、時計台にちなみ「時」をテーマとする菓子の製造を続けているが、この銘菓の名は、札幌の繁華街薄野の菓か舎の前の交差点が、将来「札幌タイムズスクエア」と呼ばれる日が来ることを願って命名したといわれる。

戦前の蝦夷餅や時計台、戦後の雪太郎など数々の銘菓を販売してきた三八は、北海道を代表する老舗の菓子舗で、都会的でスマートなイメージをもつ札幌タイムズスクエアは若者層に人気があり、今日の北海道銘菓の一つとなっている。

月寒あんぱん

札幌市　株式会社ほんま

道路の建設にあたり、月寒の歩兵第25連隊と地元住民にあんぱんが配給された。

●月寒あんぱんの由来と製造

札幌市豊平区の月寒中央通と平岸街道を結ぶ平岸連絡線は通称アンパン道路とよばれ、札幌市が昭和63年に選定した〝さっぽろ・ふるさと文化百選〟にも選ばれている。その名称の由来は、明治44（1911）年この道路の建設にあたり、月寒の歩兵第25連隊と地元住民に一日一人5個のあんぱんが配給され、兵民協力して道路を完成させたためとされている。

この時のあんぱんを作ったのが、新潟県出身の本間与三郎が明治39年に創業した大原屋本間商店（現、株式会社ほんま）である。明治7年、東京芝日陰町の木村安兵衛が酒種酵母による「桜あんぱん」の製造に成功。翌年には、明治天皇にも献上され、銀座の名物として大ヒットとなった。これを噂で伝え聞いたのが、仙台出身の大沼甚三郎で、明治29（1896）年に当時の月寒村に独立歩兵大隊がおかれたとき、「あんぱん」とやらいうものを自分も作ってみようと月餅のようなまんじゅうを作り上げた。その製法を大沼甚三郎から教わった本間与三郎は、その「あんぱん」を妻とともに一つ一つ手作りし、連隊に運んだといわれている。当時の月寒あんぱんの人気と菓子の命名については、栞に「明治の人が作り上げたこの月餅風の『あんぱん』は、連隊の兵隊さんを中心に大人気となり、いつしか『月寒あんぱん』と名づけられ、兵隊さんの外出の際の何よりの土産として、また、便りとともに遠いふるさとにも届けられ、大変喜ばれました」と説明されている。

月寒あんぱんを製造販売した店は最盛期には数軒あったといわれるが、戦中戦後の食料統制、物資不足から姿を消し、その後、本格的に製造を再開したのは、ほんまだけであった。

まりもの古里羊かん

帯広市　有限会社南製菓

まりもが絶滅危惧されており、これを防ぐためまりもに似せたみやげを作った。

●まりも羊羹の由来と歴史

西村食品工業は昭和４（１９２９）年に西村久蔵、真吉兄弟が札幌市北２条西４丁目、現在の札幌グランドホテルの場所にニシムラ洋菓子店を開き、洋菓子、パンなどの製造販売をしたのがはじまりである。戦後の昭和25年には羊羹、カステラ、パンの生産施設を増強し小豆、羊羹、カステラ、洋生、ロシアチョコレートを製造・販売し、道内有数の菓子製造会社となっている。

戦後の復興が大きく進む昭和20年代の後半になると北海道観光がさかんとなり、新しい時代の観光銘菓の製造がはじめられる。国立公園や温泉、湖沼をもつ観光地ではその名称を付けた饅頭、煎餅、飴などを作らせた場合が多いが、西村食品工業は、昭和27年に全国的に有名であった阿寒湖のまりもに似せた羊羹を製造販売し、北海道を代表する観光みやげとなった。

この銘菓製造販売のいきさつについては、当時、天然記念物となっている阿寒湖のまりもが心ない観光客に観光の記念として持ち去られ、絶滅が危惧されており、これを防ぐため、まりもに似せた観光みやげを作ることを考えたといわれている。会社がこの銘菓に大きな期待をかけていたことは発売当初から新聞や雑誌に大々的な広告を出したことでもわかるが、例えば昭和33（１９５８）年に刊行された『皇太子と北海道　御視察記念アルバム』の広告では当時の人気作家目白三平が「清澄な阿寒湖の水にしか育たない可憐なまりもの姿をそのまま写した「まりも羊羹」は、見た眼も美しく味もよかった（略）お土産には絶好のものだ」と広告文を書いている。

現在では西村食品工業の製造はなく、帯広市の南製菓が「まりもの古里羊かん」の名称で銘菓を製造発売している。

煉化餅

江別市　山サ煉化餅本舗株式会社

啄木が食べ損ねた煉瓦餅。煉瓦の製造法をヒントに菓子職人の経験をもつ職工が作った。

● 煉瓦餅の製造

開拓時代の北海道において煉瓦は重要な土木建築材であり、良質の粘土を産出する野幌村は煉瓦製造がさかんな地であった。その野幌駅の名物が煉瓦餅で、明治41（１９０８）年1月19日に小樽から旭川に向かった石川啄木は「白石厚別を過ぎて次は野幌。睡眠不足で何かしら疲労を覚えて居る身は、名物の煉瓦餅を買ふ気にもなれぬ」（『雪中行』）と記述している。

啄木が食べ損ねた煉瓦餅は、劇作家久保栄の父で、野幌で煉瓦工場を経営した久保兵太郎が、煉瓦の製造法をヒントに菓子職人の経験をもつ職工に作らせたものである。久保栄は『のぼり窯』の序で、煉瓦餅の形態と製造の経緯について、ほぼ次のように記述している。

形については「八寸に四寸に二寸という寸法をそのまま縮めたマッチ箱ほどの大きさの餅が、粉をかぶった白い肌から、ほんのりと餡のいろを透かせながら、行儀よく二た側に並んでいて」とある。また、製造の経緯については、はじめに頼んだ駅前の駄菓子屋には製造を断られ、もと東京の菓子屋に住み込んでいた経緯をもつ職工が見よう見まねで作ったが、糯米の粉を練って蒸し、型で抜き出す方法では、衣が枠にくっついて角がきれいに出ず、失敗を重ねたうえ、札幌の名代の菓子屋に相談に行き、糯米にある分量だけ澱粉を混ぜることを教わりようやく完成させたと説明している。

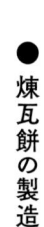

● 煉瓦餅の駅売り販売

煉瓦餅の製造の許可をうけ、駅売りをはじめたのが佐野利吉で、『野幌部落史』によると、明治35（１９０２）年４月２日からの販売となっている。製造販売は順調であったが明治37年に利吉が病死し、その後は妻の佐野タオが女手ひとつで子供を育てながら家業として続け、明治40年頃には野幌駅の名物として全道的に知られるようになっている。大正7（1918）年に編集された『北海道百番附』の食物番附で煉瓦餅は旭川の旭豆とともに小結に選ばれている。

なお、煉瓦餅が発売されると爆発的に売れ、当時野幌駅で駅売りをしていた松浦商店の饅頭がさっぱり売れなくなったため、松浦商店に煉瓦餅の製法を教え、ともに販売した時代があったという。また、大正3年1月1日の北海タイムスの岩見沢駅構内売聯合会の広告に「煉瓦餅、明治饅頭、上野清作」とあり、岩見沢駅などでも野幌駅と同じような煉瓦餅を販売していた。

その後、大正・昭和と駅売りを中心に販売され北海道を代表する銘菓の一つとなり、新聞の広告などでも出されるが、佐野商店の広告には「元祖、煉瓦餅製造元　佐野商店」（小樽新聞昭和7年1月1日）と元祖の名が使われている。

なお、佐野商店は、昭和61（1986）年に製造を中止。だが、その製造を伝授された菊田安秀により「煉化もち」（山サ煉瓦餅本舗）として製造販売を再開している。

塊炭飴《かいたんあめ》

赤平市　有限会社石川商店

赤平鉱で産出されるカロリーが高く黒光りのする塊炭をヒントにつくった。

●塊炭飴の製造販売の経緯

かつて北海道は九州筑豊地方と並んで日本有数の産炭地であった。とくに石狩炭田地帯には夕張、幌内、赤平など多くの炭鉱があり、とりわけ赤平鉱で産出されるカロリーが高く黒光りのする塊炭は、上流家庭用の暖房炭として人気があった。

戦前の炭鉱の町は景気が良く、炭鉱従事者を相手とする多くの商店で賑わい、とくに甘い物がよく売れ菓子店が繁盛していた。

赤平で菓子店を営む石川豊作が、みやげにもなる炭鉱に関係する名物をという考えから、昭和7（1932）年に製造販売したのが塊炭飴である。

塊炭飴は、赤平市で産出されていた高品位の石炭になぞらえたもので、見た目も石炭のごとく黒い輝きを放っている。原料は、北海道産のビート糖と水飴、ニッキ油などが使用されている。

黒光りするニッキ味のこの飴は、昭和13年に仙台で開催された第2回東北振興菓子共進会で1等賞、金牌、第18回全国菓子大博覧会で大臣賞を受賞するなど評判を呼び、炭鉱地帯ばかりでなく、北海道の銘菓・名産に数えられるようになった。

塊炭飴の古里、赤平炭鉱は平成6（1994）年に閉山し、町もさびれたが、塊炭飴は二代目、三代目が守り育てた伝統を生かし、大量生産でなく昔ながらの手作りが続けられ、発売から長い年月を経た今日も北海道の名産、観光みやげとしての第一線を守っている。

旧住友赤平立坑
（赤平観光協会所蔵）

ウロコダンゴ

深川市　株式会社高橋商事

留萌線開通を記念して製造販売されたのがはじまりの駅売りダンゴ。

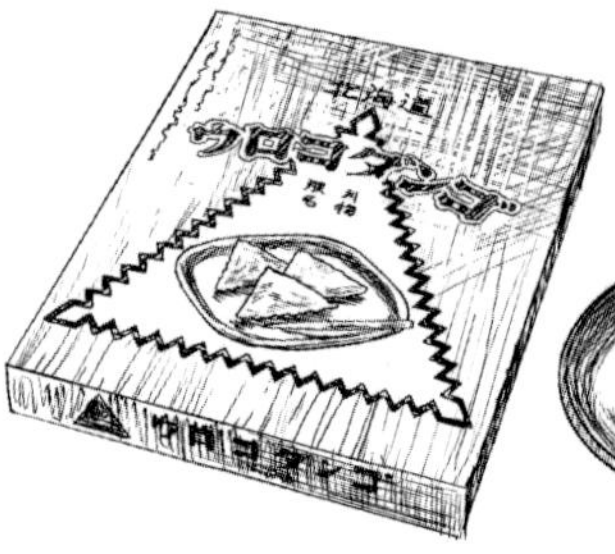

●ウロコダンゴの由来

ウロコダンゴは大沼公園駅の大沼だんごや野幌駅の煉瓦餅と同様、駅売りのだんごにはじまる銘菓である。この銘菓の由来については同社の栞によると、留萌線開通を記念して製造販売されたのがはじまりで、「椿団子」という名称であったが、当時の駅長が椿修三という人であったため、汽車が入るたびに大声で椿団子と呼ばれるのは変だからといわれ、名称を変えることとなったとされている。

その頃、留萌沿岸は鰊が大漁で、漁期には深川駅に到着する貨車は鰊のウロコだらけの状態であった。たまたまだんごの形が三角形でウロコの形をしていたため、椿駅長がいっそのことウロコダンゴにしてはどうかと言って決まった名称であるという。おぼえやすく親しみのある名称であったことからウロコダンゴは飛ぶように売れ、深川名物として全道的に有名となった。

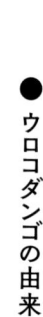

●高橋商事と駅弁立売

ウロコダンゴを製造販売した高橋商事は明治35年の創業、大正2（1913）年から深川駅構内立売業を営業してきた深川の老舗商店である。ウロコダンゴのほかに駅弁を販売しており、例えば昭和3（1928）年1月1日の北海タイムス（現、北海道新聞）の広告には「深川駅構内立売業高橋順治　弁当、寿司、うろこだんご、百合まんじゅう」とある。百合まんじゅうは、深川にあった波多野百合栽培所の百合根を使ったまんじゅうであると思われる。

また、駅弁も大正時代から立売を行っていたといわれ、昭和3年の広告に弁当、寿司とある。弁当は焼魚、卵焼き、蒲鉾を中心とした普通弁当であり、寿司は当時一般的であった海苔巻きと稲荷寿司の詰め合わせであったと考えられる。

なお、深川駅は古くから鳥飯が名物であったが、これをはじめたのは大正時代を中心に駅構内立売をしていた寺井待合所である。

高橋商事の駅弁は今日に続いているが、名物駅弁として昭和50年代から販売されたおたのしみ幕の内弁当があり、最近の番屋めしも好評である。

ウロコダンゴのしおり

旭豆

旭川市　共成製菓株式会社

十勝産の大袖振大豆をビート糖で衣がけした豆菓子。「宮内省御買上品　陸軍御用」

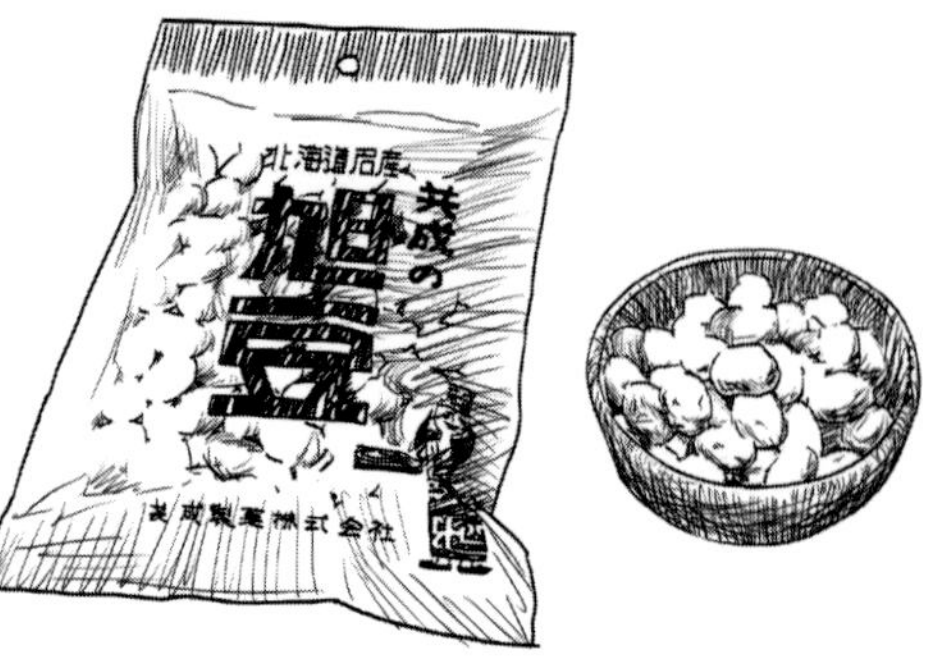

● 旭豆の製造販売

北海道の銘菓の中で最も古くから全国的に名が知られていたのは旭豆である。

旭豆の製造販売の由来については、明治後期に富山県から旭川に移住した片山久平が、同郷の菓子職人浅岡庄次郎と故郷の菓子をヒントに、十勝産の大袖振大豆をビート糖で衣がけした豆菓子を作り、旭川名産旭豆として発売したのが明治35（1902）年である。

旭豆は発売とともに旭川名物となり、数年後には北海道を代表する銘菓となるが、これには旭川に設置された陸軍第七師団との関係が大きかったといえる。例えば明治43（1910）年の小樽新聞の広告に「宮内省御買上品　陸軍御用」といった広告文がみられる。菓子の種類があまり多くなかった時代、師団に納める旭豆の量は大量であり、また師団の兵士に面会に来る家族などがみやげとして買うなど大変な繁盛であった。

したがって販売は元祖本店の片山商店（旭川区3の8）ばかりでなく分店として、営業をともに進めてきた浅岡庄次郎の浅岡商店（旭川区1の8）、さらに札幌支店として片山松次郎の片山商店（札幌区南2西2）を開店するなど営業を拡大している。

● 北海道銘菓としての発展

その後も旭豆の販売は順調で、札幌は片山商店、旭川は浅岡商店が中心となって営業が続けられ、大正7年の『北海道百番附』の食物番附では小結に旭豆（旭川）があげられ、昭和2年の北海タイムス社の『北海道・樺太名産投票』菓子の部の第1位は旭豆（札幌）と、名実ともに北海道を代表する銘菓となっている。

なお、明治・大正時代の浅岡商店では旭豆のほかに旭竹、若緑、旭雪などの銘菓が、札幌の旭豆本舗片山商店には雪ノ華、ビアの友などの銘菓があった。

札幌の片山商店と旭川の浅岡旭豆本舗店が廃業し、旭豆は現在、共成製菓が製造販売している。共成製菓は、明治24年に小樽に設立された精米業の共成株式会社が、明治30（1897）年に旭川に設けた支店として精米のほか菜種や大豆油の製造を行っていたが、共成製菓として昭和28（1953）年頃から菓子製造をはじめ、昭和30年に独立するとともに、片山商店からパテントを譲り受け営業をはじめたといわれている。

片山久平商店（『札幌市特産品案内』昭和14年）

旭豆広告（『観光北海道』1965年版より）

き花

旭川市　株式会社壺屋総本店

旭川の地域、風土を意識した商品開発から生まれたダイヤモンドダスト、き花。

●壺屋と「き花」

壺屋は村本定二が昭和４（１９２９）年９月に旭川に創業した菓子店で、当時の銘菓「壺もなか」は発売とともに大ヒットした。壺屋は創業以来、北海道や旭川の地域、風土を意識した商品の開発を進めており、これまで天皇陛下行幸記念として「雑木林」、旭川市で開催された植樹祭記念として「ななかまど」、会社創業50周年を記念して「いも侍」「とうきび畑」「かぼちゃ鍋」、旭川市政１００年の記念菓子「鍬入り百年」が発売されている。

世界食品コンクール（モンドセレクション）で連続金賞を受賞している「き花」は、石屋製菓の白い恋人とともに最近の北海道を代表する銘菓となっている。旭川では冬の冷え込みの強い日はダイヤモンドダスト（き花）といって、ダイヤモンドの輝きのような雪の結晶が舞うのを見かける。これを菓子に表現したのが「き花」である。

主原料のアーモンドをガレット風に焼き上げた風味と、淡い甘さのホワイトチョコをサンドしたクッキー状の菓子で、ダイヤモンドダストを図案化した包装紙も洒落ており、とくに観光客や若い人たちに人気がある。このほか、かぼちゃの種を小豆餡と混ぜて饅頭に包み込み、トロロ昆布を入れたかぼちゃ餡でさらに包み、上部をパイ生地で仕上げ、かぼちゃの姿風に焼き上げたかぼちゃ鍋も北海道的な銘菓となっている。

近年は、地元旭川に根ざした商品を開発、「赤い実の洋燈（アロニア）」の飲料や、キッコーニホンの生しょうゆを使った「生しょうゆパイ」とスローブランドづくりも進めている。

なお、藤屋㈱で作られていた旭川在住の作家だった三浦綾子の作品『氷点』に因んだ銘菓「氷点」も、壺屋総本店にて受け継がれ販売されている。

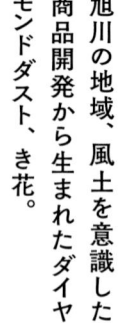

氷点下41°

旭川市　高橋製菓株式会社

作家三浦綾子さんの名作、『氷点』に因んでつくられた銘菓

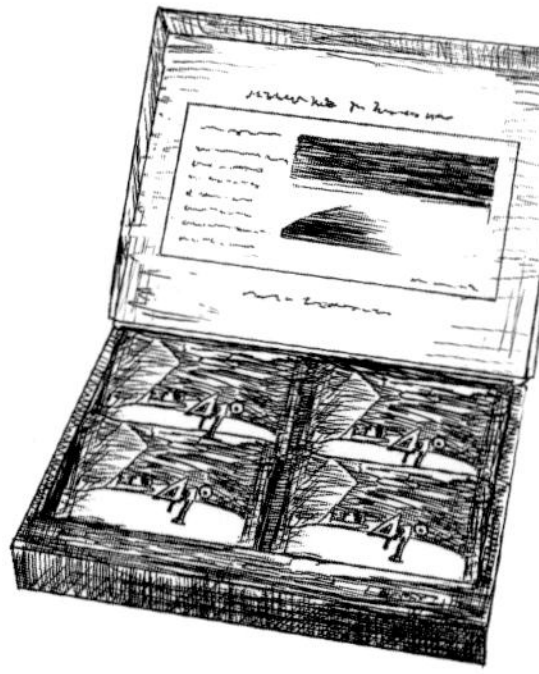

●高橋製菓とビタミンカステーラ

大正6（1917）年に旭川で創業した高橋製菓。初代の高橋樫大は、四国の出身で、長崎でカステラ作りの修行をした後、本州などで和菓子やお餅の修行を続け、旭川にたどり着きカステラやクラッカーなどを製造しはじめた。

大正10年に発売された「ビタミンカステーラ」は、当時日本も参戦した第一次世界大戦が終結したころ、食べ物が不足し、栄養失調になる子どもも多かった。そのなかで、安くて栄養価が高いものとして考えられ登場したのが、ビタミンカステーラ。

この「安くて、栄養価が高いこと」を目標に製造し続け、昭和36年の第15回全国菓子博覧会でビタミンカステーラは、総裁賞を受賞している。北海道人であればみな一度は食べたことがあるのではと思われる菓子である。

●氷点下41°

氷点といえば旭川では、三浦綾子の名作のほかにも市民になじみ深い言葉であり、冬の寒さの厳しい旭川は、明治35（1902）年1月25日早朝に氷点下41度の最低気温を記録している。

この記録、氷点下41度が名前の由来になって平成元（1989）年2月に開発されたのが「氷点下41°」。

この菓子のスライスアーモンドは北の大地、ホワイトチョコレートは白い雪、輝くダイヤモンドダストはふやきで表現している。これらを一枚の焼き菓子として合体させる技術は、当時としては珍しかった。ビタミンカステーラの根強い人気に支えられながら、生まれた旭川の寒さにこだわった郷土銘菓である。

ひとつ鍋、マルセイバターサンド

帯広市　六花亭製菓株式会社

十勝開拓、晩成社にちなむ帯広の発展の歴史を物語る菓子類。

● ひとつ鍋の製造販売

晩成社による開拓のはじめから、十勝地方は、畑作・牧畜の普及が進み、とくに大正時代には第一次世界大戦による豆景気を背景とした大豆、小豆など豆類の栽培、甜菜糖の原料となる甜菜（ビート）の栽培が大きく発達するという歴史があった。

このような畑作、酪農生産を背景に帯広は古くから菓子製造が盛んな土地である。とくに昭和20年代以降は、北海道を代表する銘菓が続々と生まれ、なかでも六花亭製菓株式会社の和菓子「ひとつ鍋」と洋菓子「マルセイバターサンド」は、最も地元の歴史と産物を生かした銘菓であるといえる。

昭和27（１９５２）年は、帯広市開基70年、市制施行20年目にあたり、市から式典用の菓子として帯広千秋庵が発注を受けて製造したのがひとつ鍋である。創業者の小田豊四郎が、帯広の発展の歴史を物語る菓子として、十勝開拓の恩人・晩成社の依田勉三の「開墾の　はじめは豚と　ひとつ鍋」の句に因み、鍋の形の皮に小豆餡と餅をはさんだ最中を作り上げている。式典の参列者に配られたが評判がよく、同年から帯広銘菓として販売され、今日に至る息の長い菓子である。

● マルセイバターサンド

六花亭の旧称は帯広千秋庵である。昭和8（１９３３）年に札幌千秋庵の暖簾分けで開店し、白樺羊羹、らんらん納豆など数々の銘菓を製造販売するが、昭和52（１９７７）年に千秋庵の暖簾を返上して六花亭と社名を変更する。社名変更を記念して製造販売したのがマルセイバターサンドである。

この銘菓も十勝開拓・晩成社に因む菓

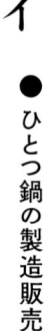

子で、明治30年代に晩成社が製造したマルセイバターをイメージし、新鮮な十勝産のバター、ホワイトチョコレート、蜜漬けのレーズンを合わせたクリームを、ビスケット生地ではさんだ洋風の銘菓である。なお、この銘菓の包装紙は、かつて依田勉三が経営した依田牧場製のバターのデザインをそのまま使用している。

また、昭和43（1968）年発売のホワイトチョコレートは、創業者の小田豊四郎が北海道の雪とイメージが重なるという思いから、日本ではじめて製造販売した製品である。

三方六《さんぽうろく》

帯広市　株式会社柳月

開拓の厳しい生活で白樺の薪が暖かく燃える家族団欒がイメージとなっている銘菓。

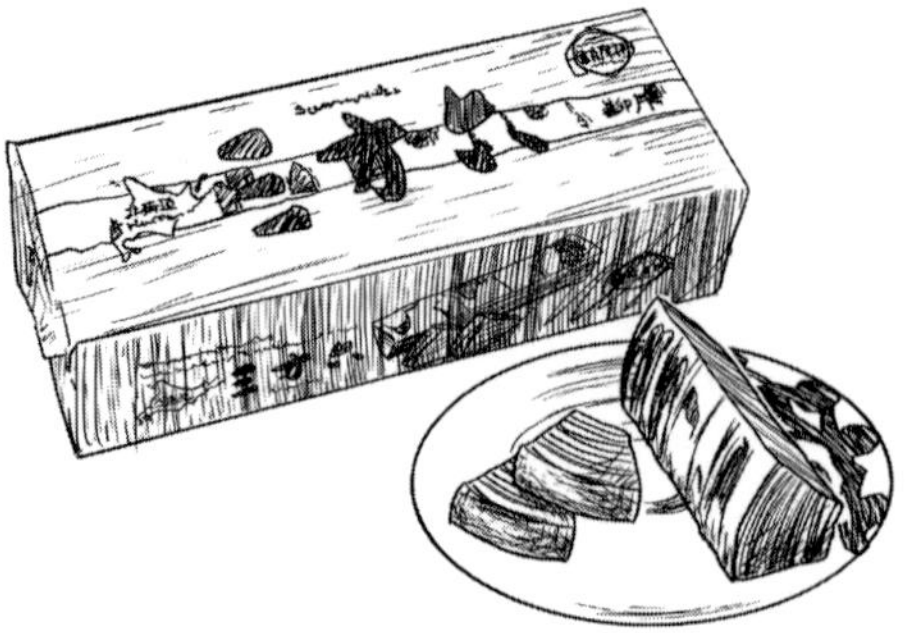

●北の自然菓

北海道開拓のイメージから生まれた銘菓である。帯広の菓子舗「柳月」の菓子づくりのコンセプトである「北の自然菓」の考えに基づき、北海道産のバター、小麦粉、卵などを使い独自の製造法で製造したバウムクーヘンの生地を縦にカットして、表にミルクチョコレートとホワイトチョコレートで白樺の木肌のような模様を施した地方色豊かな銘菓である。「三方六」という名称は、かつて十勝地方の寒さの厳しい冬を過ごすために燃料として用意した薪《まき》に由来している。薪は囲炉裏や薪ストーブで燃やしやすいように三方を六寸（18㎝）に割って蓄えていた。十勝の銘菓「三方六」には開拓の厳しい生活のなかでも白樺の薪が暖かく燃える家族団欒がイメージされている。

●北海道百年の銘菓

「三方六」を製造した「柳月」の創業は昭和22（1947）年である。菓子の主原料である小豆などの豆類や甜菜糖、牛乳、バターなどの産地で、戦前から菓子製造業が多かった帯広市では比較的新しい店といえる。アイスクリーム製造販売業として出発したが、その後、品質にこだわった菓子づくりをモットーに大きく成長した。「三方六」の製造販売は昭和40（1965）年である。明治2（1869）年にそれまで松前・蝦夷地とよばれていた地方を北海道と改め、開拓使を設置し開拓がはじめられ、日本各地から多くの移住者が入り農業を興し、町を開き今日の北海道を作り上げた。昭和43年は北海道開基百年の年であった。この百年を記念して全道各地で種々の記念行事や協賛の事業が行われた。「柳月」の「三方六」もこのような開基記念等の中で生まれたものでは、なかろうか。白樺の木肌のような「三方六」は、その後、北海道を代表する銘菓の一つとなった。

バナナ饅頭

池田町　株式会社米倉商店

ハイカラなバナナ饅頭は洋風の菓子として人気が高まり、池田駅の名物となった。

●バナナ饅頭製造の歴史

池田町は明治29（1896）年に旧鳥取藩主池田仲博侯爵等が農場を開設し、開拓を進めたため、池田と呼ばれるようになり、同37年には帯広～釧路の鉄道の開通にともない池田駅が開業している。古くからこの駅で駅弁とともに売られていたのがバナナ饅頭である。

バナナ饅頭を製造販売したのは、池田駅で開業当時から駅弁などの構内立売をしていた米倉三郎である。バナナが高級な果物で一般の人はなかなか口にすることができなかった時代に、米倉は旅行者やこの地方の開拓者が気軽に買えてバナナの味のする菓子を作りたいと考え、バナナの香料を使って試作をかさねた後、バナナの形をした手焼きの饅頭を完成させたという話が伝わっている。

当時、駅の立売の菓子といえば餅かふかし饅頭が主であり、新しくハイカラなバナナ饅頭は洋風の菓子として人気が高まりすぐに池田駅の名物となっている。大正時代に入り十勝地方の鉄道の発達により旅行客が増加し、バナナ饅頭はこの地方を訪れる人たちの楽しみの一つとなっていたようで、大正10（1921）年に十勝地方を鉄道旅行した紀行文作家・大町桂月は日記に「池田よりの一行視察だん二十ぐらゐの美人之につく　バナヽの如き菓子をくれたり」と記述している。

九月十四日　晴
八時三十五分發網走、河原田　山本旋、青年　渋ル
昨夜、豐竹呂玉、占八、ぽんた、西山梅高知水道三丁
目　お柳をかたる　博愛職工學會本部相川勝治　佐呂
間村字武士　サロマ湖畔　トフシベツ　原野　相川
氏は野付牛にて下る、留岡幸助氏のる　入りかはり也
池田にて留岡氏とわかれ、一時間まつ、網走湖畔を長
い間ゆく也
相川（囚徒ぜんご）と留岡（囚徒の豫防）
やちしんこ　野地に生へたえぞまつ小也　ぽんさい
臼井氏に投ず、
池田よりの一行視察だん二十ぐらゐの美人之につく
バナ、の如き菓子をくれたり

大町桂月全集別巻『紀行』

ハッカ菓子

北見市　ハッカ豆、ハッカ樹氷、薄荷羊羹

大正から昭和初期にかけて世界の生産量の70％に達したハッカ王国で育まれた菓子。

●ハッカ菓子製造の歴史

北見地方の特産物といえばまずハッカが頭に浮かぶ。野付牛と呼ばれていた時代の北見でハッカの栽培が始まったのは明治30年代であるが、大正から昭和初期にかけては世界の生産量の70％に達する生産量をあげるまでに発達し、外国に輸出するなどハッカ王国を誇っていた。したがって北見ではハッカを使用した菓子も古くから作られており、例えば昭和６（１９３１）年に発行されたパンフレット『北見案内』には「ハッカ豆　野付牛町、水津梅林堂」とある。

今日ではハッカの生産も減少したが、道民のハッカに寄せる思いは強く、北海道遺産に指定されている。北見市に旧ハッカ工場を利用した記念館があるが、北見地方を中心にハッカを使用した菓子やみやげものも多い。

●ハッカ樹氷　㈱山樹氷

昭和25（１９５０）年創業の北見市の山樹氷が、昭和35年から販売している銘菓である。大正金時にハッカの香りを入れた砂糖で衣がけした豆菓子で、真っ白い豆はこの菓子の名称となった北国の樹氷をあらわしている。姉妹品に豆の粒の大きい白花豆を使ったハッカ物語もある。

●薄荷羊羹　㈱清月

北見市の清月が、ハッカの生産が盛んであった頃の昭和10（１９３５）年から販売している銘菓である。道産の小豆に、寒天、ハッカ脳を用いて練り製造する。見た目は普通の羊羹であるが食べてみると、二口目にはハッカの清涼な味と香りが口に広がる銘菓。包み紙は北見の版画家香川軍男《ときお》の薄荷の絵を使用。この他に蝦夷めぐり、はっかの露などの銘菓がある。

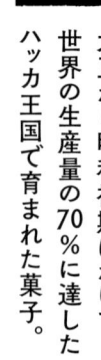

標津羊羹

中標津町　株式会社標津羊羹本舗

三石羊羹

新ひだか町　有限会社八木菓子舗

しつこい甘さのない上品な標津羊羹、京風の味わいを取り入れた三石羊羹。

●標津羊羹

中標津町は根室管内のほぼ中央に位置し、北部は丘陵地、南に向かって緩やかに傾斜し根釧原野に広がっている。ジャガイモ、甜菜などの畑作及び牧畜、酪農が盛んな土地で、日本最東端の中標津空港がある。この町の銘菓、標津羊羹のルーツは根室の菓子舗・蓬莱堂の菓子職人片原栄作が作った羊羹にあるといわれている。昭和2（1927）年に片原の弟子であった長谷川藤作が独立して、根室標津に長谷川菓子店を開いて練羊羹を製造し、標津羊羹の商標で販売し全道的な名物に育て上げた。昭和56年に羊羹製造部門として標津羊羹本舗を立ち上げる。十勝産の金時豆の皮をとり甜菜糖を加えてじっくり煮詰め、独特の練りによって作りあげた標津羊羹は、しつこい甘さのない上品で淡泊な味で、今日も多くのファンに支持されている名品である。

●三石羊羹

太平洋沿岸、襟裳岬に近い新ひだか町は、平成18（2006）年3月に静内町と三石町が合併して誕生したまちである。三石は農業、牧畜のほか漁業がさかんで、北海道名産品の一つ三石昆布の産地として知られている。明治43（1910）年創業の八木菓子舗の八木豊吉が、日高路の名産としてのみやげの必要をおぼえ、当時多く生産されていた地元十勝の小豆を使った羊羹を製造したのが三石羊羹である。二代目民三が京風の味わいを取り入れた三石羊羹は日高地方の名産として名声を高め、大正10（1921）年の中国四国生産品共進会で壱等金光牌を受賞したのをはじめ、これまで全国菓子博覧会等で数々の賞を受けている。今日では北海道の銘菓・名産の一つに数えられ、お歳暮、お中元など贈答用として広く用いられている。

丹頂鶴の卵

弟子屈町　長谷製菓株式会社

卵型に焼きあげるのに苦労し約1年半かけてこだわった丹頂銘菓。

●釧路湿原国立公園

北海道に限ったことではないが、銘菓の由来をみると、その地方で行われた大きな行事や、国立公園の指定などを記念して製造販売されるようになったものが多い。弟子屈町の長谷製菓が発売している丹頂鶴の卵もそのような銘菓の一つである。

北海道の自然を残そうという考えは早くから道民の意識のなかにあったが、国土の開発による産業の振興と道民生活の安定が優先され、昭和50年代頃には多くの自然が失われている。このような中、釧路管内の釧路市から釧路町、標茶町、鶴居村にかけて広がる面積2万1440haの釧路湿原は、そこに棲息する天然記念物の丹頂鶴や氷河期の遺存種といえるキタサンショウウオなどの動植物を含め、北海道を代表する貴重な自然遺産であるが、周囲の環境の変化などから危機を迎えていた。

その後、道内外からの強い要望もあって、開発よりも保全を優先する方向での取り組みが積極的に行われるようになり、昭和55（1980）年には、湿地中央の7863haが日本で最初のラムサール条約指定地となっている。さらに昭和62年には釧路湿原国立公園に指定されている。

この地方に棲息する丹頂鶴は北海道の自然のなかで生きてきた貴重な天然記念物の鳥であり、道鳥にも選ばれた北海道を代表する鳥である。

●丹頂鶴の卵の製造販売

丹頂鶴の卵は、釧路湿原が国立公園に指定されたことを記念して製造された銘菓である。国立公園に指定された昭和62年から1年半かけて商品化し、平成元年4月から発売されており観光客に人気の銘菓となっている。

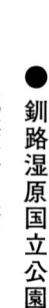

長谷製菓の創業は昭和26年で、同35年に株式会社となり今日に至っている。これまでの代表的な銘菓には、弟子屈出身の力士で優勝32回、横綱在位10年を誇る名横綱大鵬に因んだ大鵬せんべいがある。

なお、丹頂鶴をテーマとした銘菓はこれまで釧路を中心にいくつか製造されてきたが、記録類からみると、昭和34年の釧路の駅売り商品のなかに鶴の子まんじゅう（『時刻表』昭和34年）や釧路市宮地菓子舗の鶴の子せんべい（『全銘十年誌』全国銘菓協会、昭和35年）、丹頂（『北海道の旅』道東編　北海道、昭和43年）、鶴の卵（『美しい日本　北海道』昭和50年）などがあった。

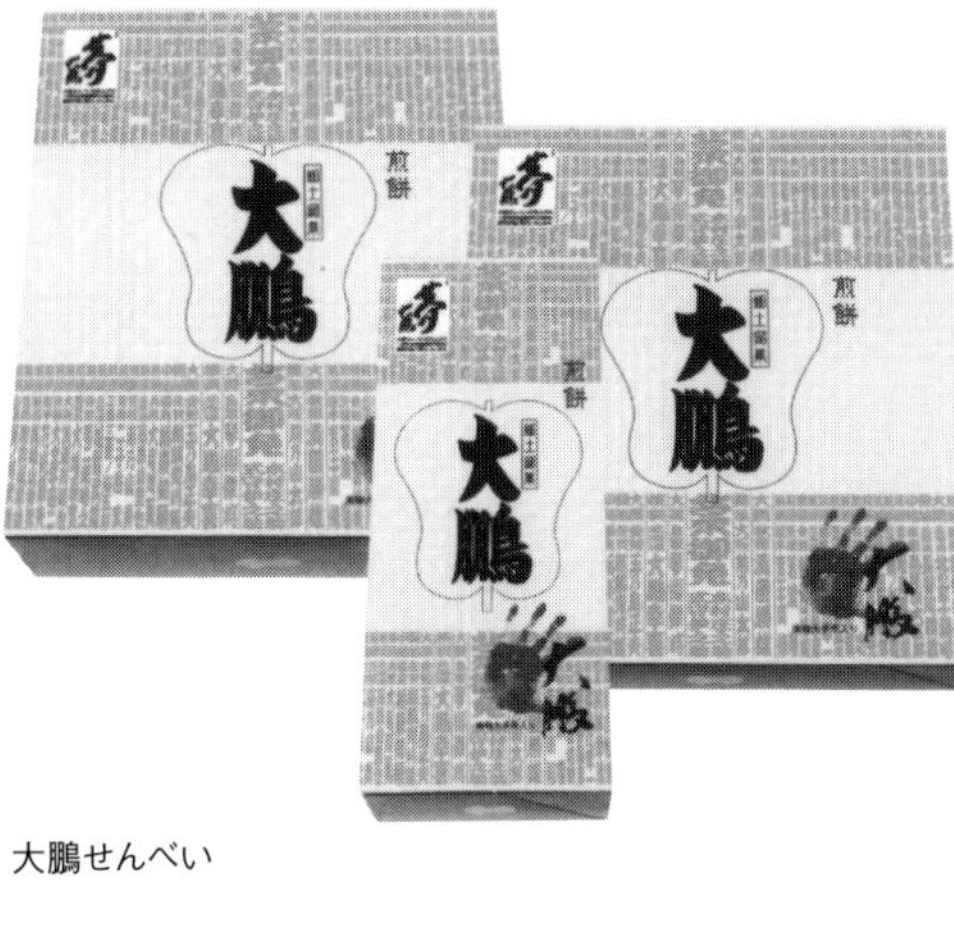

大鵬せんべい

■消えた銘菓

池田バンビキャラメルなど

小樽市　池田製菓株式会社

●「バンビ」で愛された銘菓たち

池田製菓は大正11（1922）年に小樽市花園町に開業した台湾直輸入バナナ問屋からはじまる。バナナばかりでなく落花生なども取り扱っていたことが、バターピーナッツなどの豆菓子の製造につながり、戦後に菓子製造を本格化し、昭和26（1951）年に池田製菓株式会社となる。

この年から本格的にキャラメルの製造販売を開始するが、当時は明治、森永、フルヤなど大手メーカーが地盤を固め、新参の池田製菓が割り込む余地はなかった。だが、当時子供に絶大な人気があったウォルト・ディズニーのキャラクター「バンビ」をトレードマークに使用するというアイディアで商戦を展開する。これがあたり業績を大きく伸ばし、道内有数の菓子メーカーに成長し、その後もバター飴、キャラメル、ドロップ、チョコレート、うぐいす豆などを製造販売している。

しかし、昭和40年代に入ると、道内の菓子の需要が頭打ちとなって売り上げが伸びず、同時に人工甘味料チクロの危険性が問題となり、売り上げが激減し赤字経営が続いた。これを打開するため昭和48年から水産加工品の製造にも乗り出し、イカと白身魚のすりみ、でんぷん、調味料を混合してのばして焼き、さきイカ風に仕上げた「いかちゃん珍味」などを製造販売している。だが、経営は回復せず事業を縮小して営業が続けられるが、平成18（2006）年に廃業した。「バンビキャラメル」は別会社に引き継がれたが、平成25（2013）年にこの会社も倒産し、消えた銘菓となった

池田製菓株式会社広告
（『観光北海道』1965年版より）

■消えた銘菓

ウインターキャラメルなど

札幌市　古谷製菓株式会社

●道民の記憶に残るキャラメル

古谷製菓は明治32（1899）年に古谷辰四郎が創業した古谷商店にはじまる。味噌、醤油、砂糖、食料品などを扱う商店であったが精米、製糖にも手を広げ、大正6（1917）年に製菓工場を創設し、翌7年にはキャンデーの製造販売をはじめている。

キャンデーは昭和13年頃札幌市物産協会が刊行した『札幌市おみやげ品案内』に「ビート糖、水飴ニ果汁ヲ加ヘ製造　一般ヨリ賞味セラル」とあり、果汁味の飴菓子であるが、発売とともに売り上げを伸ばし名物菓子の仲間入りをしている。なお、大正10年頃の新聞広告から古谷製菓の商品を見ると、キャンデーのほか蝦夷錦、月ヶ瀬、美よし豆、千と勢豆などがあった。

だが、道民の記憶のなかで古谷製菓といえばキャラメルであった。キャラメルのはじめての製造販売は大正14（1925）年のミルクキャラメルである。それまでにも森永製菓や明治製菓のキャラメルがあったが、北海道産の新鮮な練乳やバターを使った商品として道民の人気が高く、昭和2年の北海タイムス社の『北海道・樺太名産投票』菓子の部の2位にフルヤのキャラメルが入っている。その後、昭和6年には全国的な商品となったウインターキャラメルが製造販売され、イチゴ餅、リンゴ餅もこの年に発売されている。

戦後も道内有数の企業として営業を続けてきたが、営業不振のため長い歴史を終えている。北海道の菓子メーカー大手であり老舗でもあるという自負心から主要商品のキャラメルとビスケットに頼り過ぎ、急激な時代の変化に対応できなかったためといわれている。

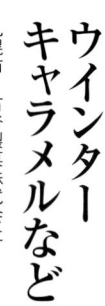

■消えた銘菓

古代最中・古代文字

小樽市　吉乃屋

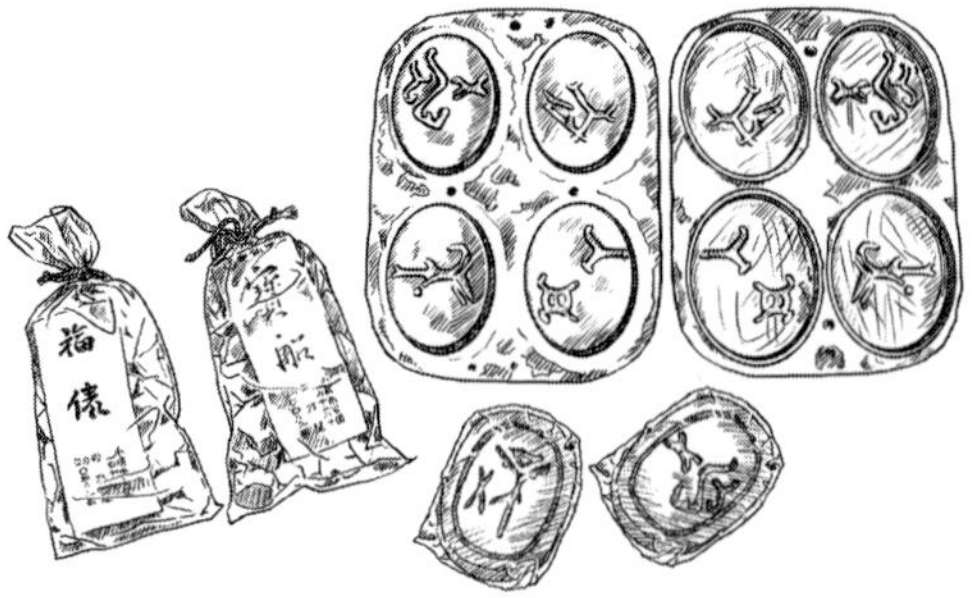

● 史跡手宮洞窟に因んだ菓子

北海道では数少ない落雁、もろこしなど打物菓子で知られる小樽・吉乃屋の創業は明治18（1885）年である。創業者の二代目刀禰孫兵衛は能登半島曾々木の出身で、子息の恒太郎（三代目孫兵衛）と小樽の新富町に移住。この年から「大上印」の名で小樽港で働く労働者相手に焼大福などのふれ売りをしながら商売を広げ、明治40年には花園公園通りに店を移転し、打物菓子の製造をはじめている。大正元年には商号を「吉乃屋」と改めた。

昭和になると、小樽の史跡手宮洞窟に因んだもろこしの古代文字や古代最中を製造し、これが小樽銘菓となった。戦後は打物菓子の寶船、福俵が人気だったという。

古代最中には、こし餡入り、つぶ餡入り、しろ餡ごま入りの3種があり、最中の皮に焼き印で押した古代文字の模様がつけられている。また、古代文字は道産の小豆とトウモロコシ、甜菜糖を主原料とした短冊形の打物菓子で、白、黄色、あずき、白茶、焼目の五色があり、表面には古代文字の模様が刻みこまれている。寶船、福俵は小樽の鎮守住吉大社に因んだ打物菓子である。

人気の店であったが、平成18（2006）年に廃業し121年間の幕を閉じた。

吉乃屋（市立小樽図書館所蔵）

まるごと水産加工品ファイル

松前漬

函館市、松前町など

みやげ品の需要が増し、家庭料理の松前漬が名産品として世に出た。

● 松前漬の由来

松前漬は、今日の北海道を代表する名産品の一つである。古くからの言い伝えによれば、近世時代蝦夷松前は、松前藩の本拠地で、北前船の交易で栄え、その代表産物である、するめ、昆布、干鮑、みがき鰊、鱈、鮭などの海産物を交易品としていた。その地元では、厳しい冬を越すために言わば先人の生活の知恵から、その特産品であるするめと昆布を細かく切って酒と醤油で味付けし、数週間漬けた保存・発酵食品があり、これが松前漬である。

この保存・発酵食品の類するものとして、いか塩辛、鰊切込み、鰊漬け、飯寿しなどがある。明治以降も松前・函館・道南では、家庭料理となっていた。

しかし、明治から昭和初期の水産名産品などに関する記録類には、松前漬の名はなく、その後も地元の家庭料理として親しまれていた。

松前漬という名の由来は諸説あるが、定説、文献はない。蝦夷地の頃から昭和に至るまでに、道南地方にて「こぶいか」「いかの醤油漬け」などの言葉が口伝えで残っていたが、これが「松前漬」という名に統一されるようになったのは、松前するめ・松前藩と「松前」に敬愛の念があったからではないかと思われる。

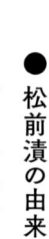

● 松前漬の製造販売

松前漬の製造販売をはじめたのは、昭和13（1938）年の函館梁川町の佃煮屋、山形屋であるといわれている。しかし、以後戦争になったため普及とならなかった。

戦後の復興が進む昭和25年以降になると、道南地方では水産加工が大きく発展し、地元の産物である昆布、いかなどを使った特産商品が作られる。松前、函館地方はいかが豊漁で、するめの加工及び各地との取引が産業・経済の支えであり、さらに戦後の北海道観光がはじまるなど、みやげ品の需要が増したのが松前漬を名産品として世に出すきっかけになったと考えられる。

この時代、道南地方ではさきいかなどの珍味やいか徳利などいかやするめの加工品を製造する工場が増え、新しい商品を製造している。松前漬は函館ではよねや食品㈱が商品化し、また、松前町では龍野屋の松前漬も当時から評判となった商品である。

するめ、昆布、醤油の発酵からくる絶妙な絡み合いという、先人たちの生活の知恵から生まれ、家庭料理として親しまれ、そして名産品となった松前漬。

いまも、その伝統が生かされているスローフードである。

いか塩辛

函館市、小樽市、留萌市など

明治時代から家庭で作られていたが、昭和40年代の低塩化でみやげ物として飛躍した。

● 由来と変遷

塩辛の歴史は古く、日本では平安時代以前からその存在が確認されており、近世の料理をみても鯛、鮭、鮎、あわび、えびなどの魚介類の塩辛が作られていた記録がある。だがいかの塩辛の正式な記述は少なく、ごく一般的な料理だったようである。

北海道におけるいか塩辛は、近世時代から家庭において自家加工の惣菜品として作られていたが、商業的な生産販売は保存の難しさもあり大正時代以降と遅い。昭和14（1939）年の『札幌市特産品案内』に「いか塩辛　風味佳良栄養ニ富ミ酒肴ニ適ス」とあるものの、保存期間を長くするため塩辛いという欠点もあり、販路は限られていた。

戦中の昭和10年代後半、道南地方ではいかの豊漁が続き、漁家ではいかの塩辛をつくり店に出すこともあったが、商品としていか塩辛の製造が飛躍的に発展するのは昭和40年代後半からである。

● 函館におけるいか塩辛の製造

塩辛、松前漬などの商品を濡れ珍味というが、これは燻製いか、さきいかなどの乾燥珍味に対する名称であり、濡れ珍味の製造販売の中心は函館地方である。

塩辛製造が大きく発展したのは昭和40年代以降で、そのきっかけはテレビのコマーシャルでも有名な「桃屋のいかの塩辛」であるといわれている。桃屋に製品を供給していたのは函館の㈱角萬長浜谷商店で、北海道における塩辛製造の先駆的な役割を果たしている。

また㈱布目が昭和48（1973）年に商品化した「手造りいか塩辛」などの製品は、冷蔵保存技術の発達によって低塩化した新しい感覚の塩辛であった。この2社の塩辛は惣菜としても、みやげ物としても人気を博し、函館を代表する名産品となっている。

この後、昭和60年代になると㈱竹田食品が加わり、函館の塩辛製造の大手3社となり、さらに塩辛製造は小樽、留萌など全道で活発となり北海道を代表する名産品となった。

●製造法

いかの塩辛には、いかの胴肉や頭脚部の肉を肝臓に加えて漬けた赤造り、胴肉だけを使い昆布や魚卵を加えた白造り、墨を加えた黒造りの3種があるが、北海道では塩辛製品のほとんどは赤造りである。

赤造りの場合、原料は主としてするめいかで、墨袋を傷つけないように開き、内臓、くちばしなどを除き、胴部と頭、脚を分離する。胴部など使用する肉を希薄食塩水で洗い、胴は2枚に切り裁断機で幅3～5㎜程度に裁断する。また、肝臓は水洗いして汚物を除いておく。頭脚部の肉を入れる場合は吸盤の角質環が残っていると食感が悪くなるので揉み洗いして除く。

漬け込みは容器に処理したいかを入れ、食塩といかの肝臓を加え十分に攪拌する。塩は漬け込む時期によって異なるがいか肉の目方の10～20％で、肝臓の添加量は普通6％前後である。最初のうちは日に3回以上攪拌して熟成を促し、一週間以上熟成させてから容器に詰めて出荷する。販売する前に味をよくするため麹や味醂、糖分を加える製造会社も多い。

なお、塩辛の塩分については昭和40年代までは保存の関係から18～20％程度であったが、㈱布目の「手造りいか塩辛」が発売された昭和48年以降は10％以下の商品が増えており、さらに近年では5％以下の商品が主流となっている。

するめ

函館市など

戦前は全国の生産量の7～8割を占め、その多くが、対中国貿易で輸出された。

●するめ製造の歴史と変遷

北海道におけるするめの生産は、近世松前藩の時代からの歴史がある。明治以降函館、室蘭など道南地方の産物として発達し、戦前の生産量をみると全国の7～8割を占めていたが、その多くは対中国貿易の産物であった。

だが、函館地方が北洋の鮭・鱒やかに漁業の中心地として発展すると、いか釣りはあまり重要視されず小規模な漁にとどまり、したがってするめの生産もあまり多くはなかった。

戦後の昭和22、3年になると、北洋漁業の中止やサハリン（旧樺太）などからの引揚による零細漁民が増加し、これらの者の多くがいか釣りに従事し、20年代後半にはいかの水揚量が過去最高となる。同時にするめの生産も全盛期をむかえ、「函館経済はいかの十本足にすがっている」とまでいわれ、いかの街・函館の基盤が築かれている。

だが、昭和27（1952）年をピークにいかの水揚量が減少し、昭和31年の大凶漁を境にするめ加工業が急速に衰退している。この後、いかの街・函館を支えたのは、するめに代わって昭和30年頃から発達したいか燻製、さきいかなどのいか珍味やいかの塩辛の製造である。

●するめの種類と製造

するめは原料とするいかの種類で一番するめ、二番するめ、甲付するめに分類される。

一番するめの原料は剣先いかであり、北海道で生産するするめは二番が多く、原料はするめいかである。

するめの製造は、かつては漁家において行われてきたが、その製造法はおよそ次のようなものであった。

まずいかの腹部を割き内臓を除去する。この際、肝臓や墨袋を破らないように気をつける。次に海水で洗い付着する汚物を落とし、さらに真水で洗って海水の塩分を落とす。

乾燥は日当たりのよい場所に縄を6、7段に張り、この縄に胴部を掛け、長足は胴部の左右に軽く巻き付けて掛ける。晴天の場合は1日ぐらいで掛け縄から下ろし、足と足を結んで2枚ごとに早切にかけて、日中は屋外で乾燥させ、夜間は屋内に入れて2~3日乾燥させる。

そのあと足を解き1枚ずつ伸ばして整形し、こもに包んで2、3日ぐらい重しをかけ、さらに伸ばして整形すれば完成する。

『函館名産するめ』パンフレット（函館市、1954年）

いか粕漬

函館市など

古くから正月のおせち料理に欠かせない家庭料理で、函館の冬の味覚だった。

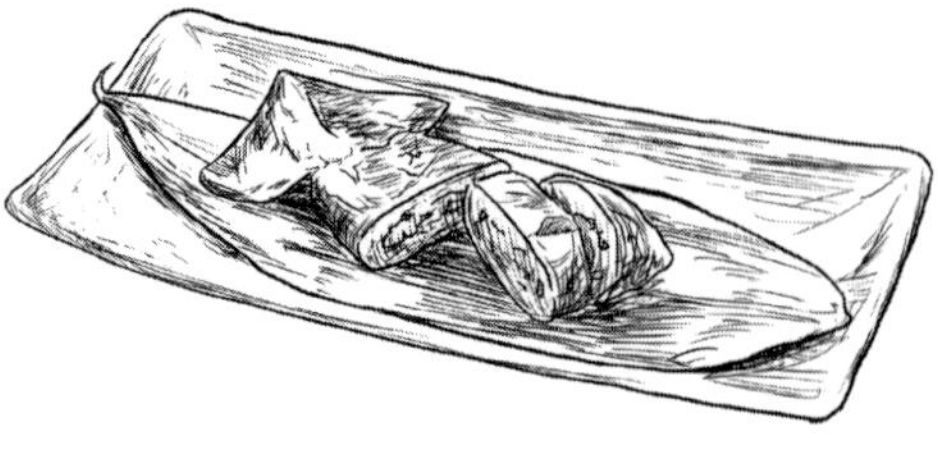

●いか粕漬の由来

いかの粕漬は函館など北海道南部地方の家庭料理の一つで、古くから正月のおせち料理に欠かせないものであった。

いつごろ商品化され、商店などで販売されるようになったかということについては不明であるが、北海道では昭和初期には鮭、筋子、カズノコなど魚介類を粕漬とした特産品やみやげ物が各地で作られていることからみても、商品としていかの粕漬がつくられるようになったのは、同じ頃からと考えられる。だが冷蔵設備が整っていなかった時代には冬期限定の品であった。

昭和31（1956）年に日本交通公社から発行された『全国うまいもの旅行』に「函館の食料品屋ならどこでも売っている」と書かれているように、函館の冬の味覚である。製造から販売まで冷蔵設備の整う昭和40年代以降になると、みやげ物として観光地などでも売られるようになり、北海道の味の一つとなった。

●製造法

家庭料理としてのいかの粕漬の作り方は、生いかの内臓と足をとってゆでて皮をむき、ペースト状に溶いておいた酒粕をゆでたいかの足にまぶしていかの胴に詰め、それをまるごと酒粕のなかに漬けるという調理法である。

また、いかの胴のなかにニンジン、白菜を細かく切って詰め、水煮してから酒粕に一週間ほど漬け、輪切りにして食べるといういか粕漬もあった。今日では粕にわさびを入れて漬けたわさび味も人気の品である。水産加工場で作るいかの粕漬もほぼ同じ製造法である。

いか徳利

函館市

戦後、函館市農水産課が、新しい名産品の製造を企画し完成させた。

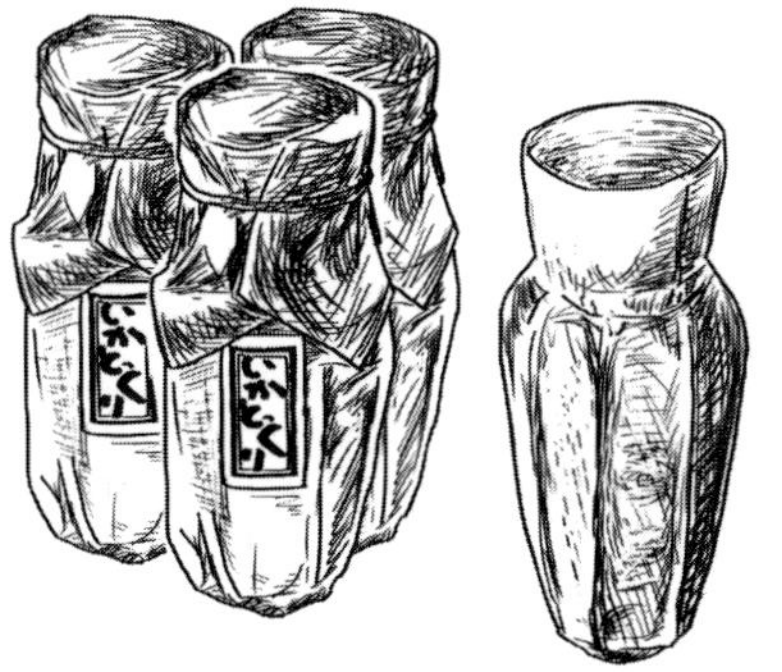

● いか徳利の由来

いかの胴肉を酒徳利のように造形して干した水産みやげで、昭和30年代から40年代にかけて函館の代表的な観光みやげであった。

函館におけるいか徳利の製造の歴史をたどると、戦前にさかのぼるといわれているが、その時代には、あまり評判とならなかったという。

戦後の昭和23（1948）年に函館市農水産課が、函館の新しい名産品となる水産加工商品の製造を企画し、完成させたのがいか徳利である。昭和40年代に入り北海道観光ブームが訪れるといか徳利は爆発的に売れ、『函館市史』によると、函館市内の4軒の製造業者が、昭和47（1972）年には60万個、48年には70万個を生産したと記述されている。

● 製造法及び使用法

いか徳利は主にするめいかが原料で、新鮮ないかをつぼ抜きにして内臓をとり、さらに外皮とひれを除きよく洗浄したのち、吊して乾燥させる。生乾きの状態のとき張型を用いて徳利の形に整え、さらに乾燥させて張型を外し底の部分や口を整形すれば完成である。作業工程はほとんどが家内工業的な手仕事であり、大量生産にはむすびつかなかった。

いか徳利は、掛けておくとちょっとした室内装飾にもなり、また食品としても喜ばれたが、酒好きには魅力的なみやげであった。熱燗の酒をいか徳利のなかに入れていかの味を酒に移して飲み、4〜5回使ったあとは身を小さくむしって醤油を付けて酒の肴とするのが一般的な食べ方であった。

いか珍味

函館市など

函館地方のいか乾燥珍味加工は、昭和30年代のはじめに大きく成長した。

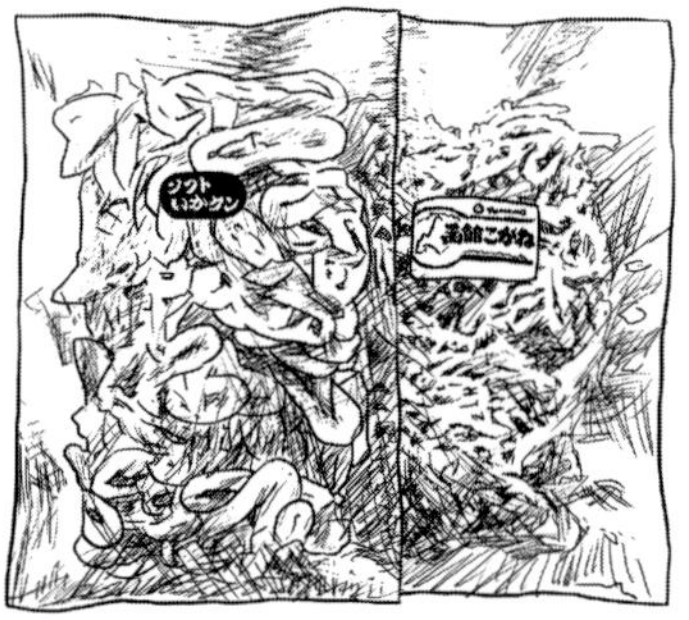

●いか珍味の由来と歴史

昔から北海道では、酒の肴に焼きいかやあたりめといわれたあぶったするめは欠かせないものであった。だが、戦後になるといか珍味といわれる商品が急激に普及するようになる。

酒の肴やおやつとして人気のいか珍味の多くはするめ及び生いかの加工品で、いか燻製、裂きいか、ソフト裂きいか、函館こがねなどがある。このようないかの乾燥珍味加工は昭和30年代のはじめから大きく成長し、函館市を中心に珍味加工業の発達がみられる。

いか珍味の先駆的な役割を果たしたいか燻製（いかくん）は、昭和25（1950）年に山一食品㈱によって開発されたヒット商品である。また、その後長く、いか珍味の主役となった裂きいかはするめが原料で、最初関西地方ではじめられたといわれているが、函館地方では昭和36、7年頃から製造が盛んとなった人気商品である。

さらに昭和38年には生や冷凍いかを原料とするソフト裂きいかが豊山食品㈱によって製造されて人気を博し、また、49年には同社によって函館こがねが製品開発されている。

●製造法

いか燻製　原料のいかの内臓をツボ抜きし、足とひれ肉を除去し、温湯処理で皮を剥いて洗浄したのち、熱湯に入れ短時間加熱し、さらに付着物などを除去し冷却する。

その後、砂糖と塩を主体とする調味料に浸して適度に乾燥させたあと、燻乾するという工程である。燻製にする際の燻材はおがくず、薪、木炭などが使われている。温度は90度前後で、数時間で仕上げるのが普通である。

裂きいか　原料のするめの足とひれ肉を除去し、温湯処理で皮を剥いて洗浄したのち、調味液に浸漬して焙焼機にかけて加熱する。さらにこれをロールで伸ばし、引裂き機にかけて幅2～3㎜に裂き、再び味付けして仕上げ乾燥をする。

ソフト裂きいか　原料の生いかの内臓、足、ひれ肉を除去し、温湯のなかで攪拌しながら皮を剥き、さらに熱湯で短時間煮たのち冷却して調味液に浸す。調味したいかは適度に乾燥させて焙焼し、これをロールで伸し、引裂き機にかけて裂いて仕上げ乾燥をする。

■道具箱　　昭和時代
おもにイカ釣漁に持参した道具箱。他に網針、目板なども収納した。引出しは、2段で、内側は各々漆塗り。上部に取手が付いている。

鮭燻製、スモークサーモン

鮭燻製　函館市、釧路市など
スモークサーモン　苫小牧市

鮮魚の保存が難しかった時代に、燻製は小規模ながら各地でつくられた。

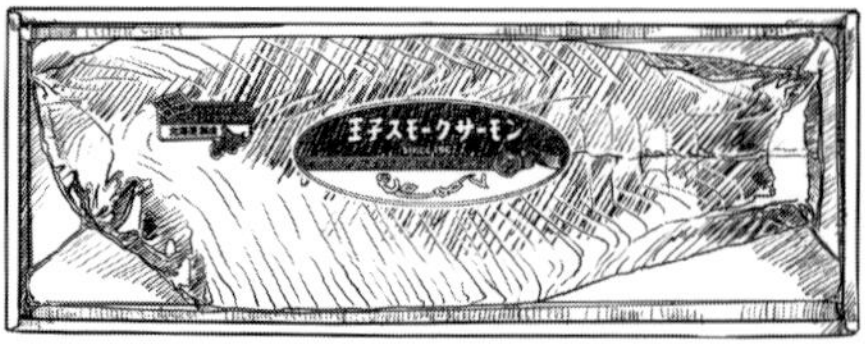

●鮭燻製の歴史

鮭の燻製製造の歴史は、明治初期の開拓使による製造試験にはじまる。『開拓使事業報告第3編』「物産」に「明治九年八月根室国根室港海濱ニ小屋ヲ築キ鮭燻製所トシ、千島国択捉ニ仮屋ヲ設ケ鮭燻製ヲ試験ス」とあるのが最初である。

鮮魚の保存が難しかった時代に、燻製は保存がきくとともに味がよいということで、小規模ながら各地で製造されるようになる。大正時代になると北海道の水産名産品の一つになっていたようで、大正7（１９１８）年の『北海道百番附』の食物番附では「前頭　釧路　鮭燻製」となっている。

このほか主な生産地として小樽、室蘭、函館、網走などがあったが、原料の鮭の多くはカムチャツカなど北洋産の鮭が使用されていた。とくに函館では「函館鮭燻製」と呼ばれ名産品であったが、その背景には北洋漁業の発展があった。

●王子スモークサーモンの製造

このような鮭燻製製造の歴史のなかで、昭和42（１９６７）年に新しい名産品として王子スモークサーモンが登場する。

王子製紙が鮭の燻製の製造をはじめた経緯については、同社の広告などによると次のように伝えられている。

昭和36年、当時の熊澤貞夫副社長がヨーロッパ旅行の際にイギリスで素晴らしい味のスモークサーモンを食べ、原料を尋ねたところ北海道日高沿岸の時しらずという答えであった。時しらずは王子サーモンのある苫小牧地方ではオースケとも呼ばれ、5月から7月にかけて日本近海に来遊する群れで、日高沿岸ではかなりの水揚げがあった。北海道で獲れる鮭でこのように美味しいものができるならば、地元の名産品となるだろうと製造を計画し、社員に製造法を調査させるなど準備を進め、何度も失敗しながら試作を重ね完成させたのが王子スモークサーモンといわれている。

　これが東京のホテルオークラなど全国の一流ホテルで料理の食材として使用されるようになったのが、昭和42年頃からである。当時のスモークサーモンは最高級といえる食材で高価であったが、今日ではサーモントラウトや紅鮭のスモークサーモンも普及し、お歳暮など贈答品として広く使われ、また、一般家庭の料理にも使われるようになっている。

■鮭献上箱
村山家は、近世において、場所請負、蝦夷檜伐木、問屋、小宿、質屋などの諸事業を行い、松前城下商人の筆頭として、町年寄兼下代を勤めた。献上する鮭を入れた木製箱。春慶漆塗りふた中央に「丸に十五」の屋号入り。
大きさ　奥行298ミリ×左右605ミリ×高さ130ミリ

筋子、イクラ

網走市、釧路市、日高・十勝地方など

キャビアの代わりとしてロシア人が考案した食べ方が名称とともに日本に伝わった。

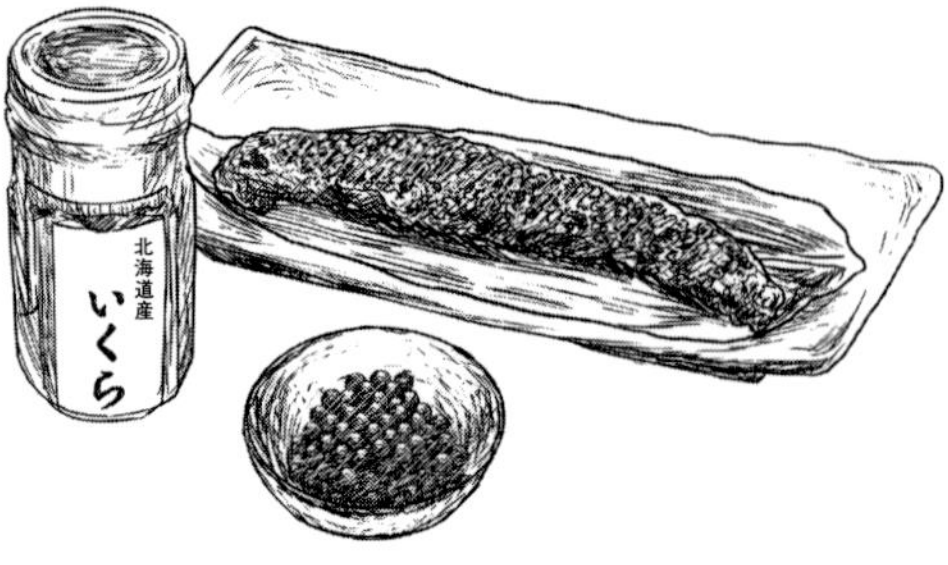

●歴史と由来

鮭の卵巣を固まりのまま塩漬けにしたものが筋子、鮭の卵が一粒ずつバラバラに離れた状態のものが和名で鮞《はららご》、ロシア名イークラである。

近世の蝦夷・松前地では鮭の卵をはららご、筋子などと呼び、後のイクラのように生あるいは塩蔵で食膳に供し、正月の雑煮などに入れていたことが文献に残されている。

また、筋子は明治初期の『開拓使事業報告』に「筋子ハ雌鮭ノ卵ヲ云、一樽一斗或ハ二斗入ナリ」と海産物の一つにあげられているが、まだ製品も粗雑で名産品にまでなっていなかったと考えられる。なお、イクラについては、20世紀初頭の日露戦争の頃にキャビアの代わりとしてロシア人が考案した食べ方が、名称とともに日本に伝わったといわれている。

筋子は大正時代以降、北海道の名産品の一つとなり、とくに筋子の粕漬は大正7年の『北海道百番附』で「前頭　小樽　筋子粕漬」とあるように、北海道の名物となっている。

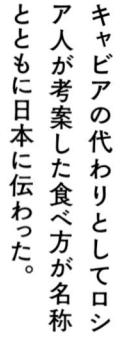

●産地と製造工程

大正13（１９２４）年に北海道水産試験場がまとめた『北海道水産重要製品銘産品調査』では、名産品の一つとして筋子をあげている。同書の生産地および原料の項に「北見地方沿岸ヲ主トシ根室、十勝、日高沿岸之ニ次グ」と、道東およびオホーツク沿岸地方が主産地で、この頃になると保存法や輸送法の技術も向上し、北海道の名産品として全国的に有名になっている。

筋子の製造には散塩漬と塩水漬の二通りあるが、散塩漬による製造は、原料の鮭の卵嚢の血管の血を指で押しながら除き、

3%程度の食塩水で丁寧に洗った後、水切りをしておく。このあと飽和食塩水に浸漬するが、浸漬する時間は魚種、鮮度、卵嚢の大きさなどによって異なるが約5分程度で、静かに攪拌してすくい上げ、できる限り空気との接触を避けながら水切りをする。

次に底部がすのこ状になっている容器に散塩しながら卵嚢を井桁に重ねて漬け込む。使用する塩は上質のものを使い、塩量は漬け込む卵嚢の約10~12%といわれている。

一週間ほど経ったら、別の容器に合塩しながら漬け変え、保管容器に密封して貯蔵する。

■開拓使事業報告
大蔵省内に設けられた開拓事業報告編纂局が編集。明治18年、大蔵省刊行。明治2年の開拓使の設置から明治15年の廃止にいたる間のさまざまな事業を編纂した報告書。

みがき鰊

函館市、松前町など

北前船により全国に運ばれ、鰊味噌、鰊漬など、各地の伝統料理になっていった。

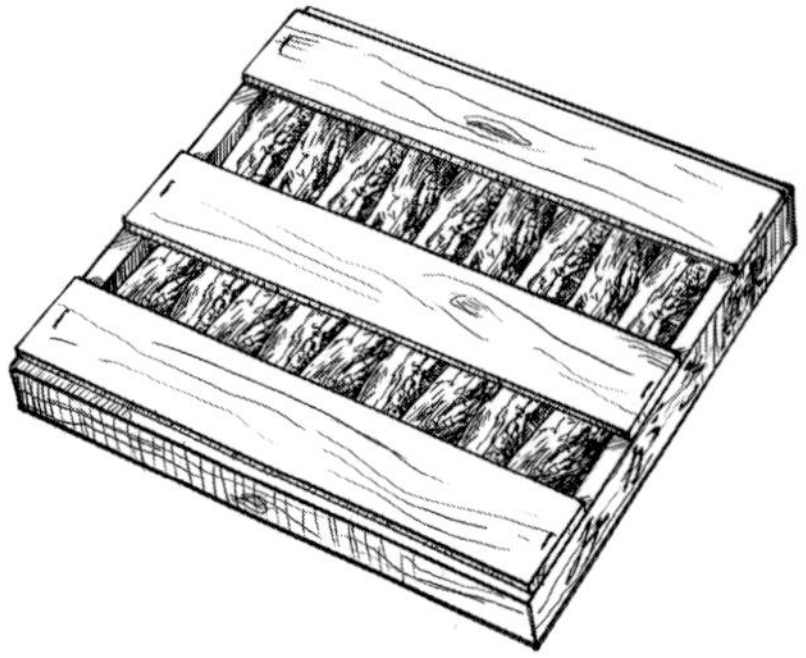

●みがき鰊の歴史と料理

みがき鰊は鰊の素干し品で、蝦夷地の産物として古くから知られ、江戸時代の宝永3（1706）年に松前藩が幕府に献上した物産のなかにも鰊《にしん》美加機《みがき》といった記述がみられる。

生鮮食料品の輸送が難しかった時代、海から離れた地方では生魚が食膳にあがることはまれで、魚は塩蔵か干物に限られ、しかも高価であった。したがって蝦夷・松前産物として北前船で運ばれるみがき鰊は、山村部に住む人にとって重要な食材であった。

例えば新潟の港に送られたみがき鰊は山国の会津にも運ばれ、日常のおかずとしてみがき鰊と味噌を油で炒めた鰊味噌や、ご馳走としての鰊の山椒漬、鰊漬など伝統的な料理となっていた。

みがき鰊は北海道でも古くから料理に使われてきたが、新鮮な魚介類が豊富であった箱館（函館）や松前地方などでは、正月のお節料理の食材あるいは冬期の保存食としての利用が多い。

料理に使うみがき鰊は、米のとぎ汁や灰水に漬けて油分を除き、水分で膨張させて軟らかくしてから煮物、昆布巻、漬物などに使ったが、とくに大根、白菜、キャベツなどの野菜と漬けた鰊漬は、北海道の代表的な郷土料理の一つである。また、酒の肴として、水で戻したみがき鰊を焼いて、醤油をつけて食べることも多かった。

●みがき鰊の製造

鰊漁が盛んであった時代、みがき鰊の製造は漁場の男衆や手間取の女性陣によって作業が行われた。

漁獲した鰊がうずたかく積まれたローカや魚坪《なつぼ》の近くで、鰊の腹を指で割き鰓《えら》、卵巣（カズノコ）、精巣（白子）を取り出す。この作業を鰊つぶしといい、処理の終わった鰊はツナギズラと呼ばれる縄でえらを通して22尾程度つなぎ、丸太で組んだ乾燥棚にかけられる。2～3日すると棚からおろされ、サバサキ（小刀）で尾から頭にかけて3枚に背割りされ、背骨は除かれる。これをさらに棚に吊し、天候状態によって異なるが天日で20日程度乾燥して仕上げる。

かつて北海道西海岸の鰊漁場で大量に製造されたが、昭和30年代に入り鰊漁の衰退によって製造も縮少されている。現在は外国からの輸入鰊を用い水産加工場での製造が続けられているが、留萌地方や小樽を中心とした後志地方の製造が盛んである。

身欠き鰊製造　明治末頃

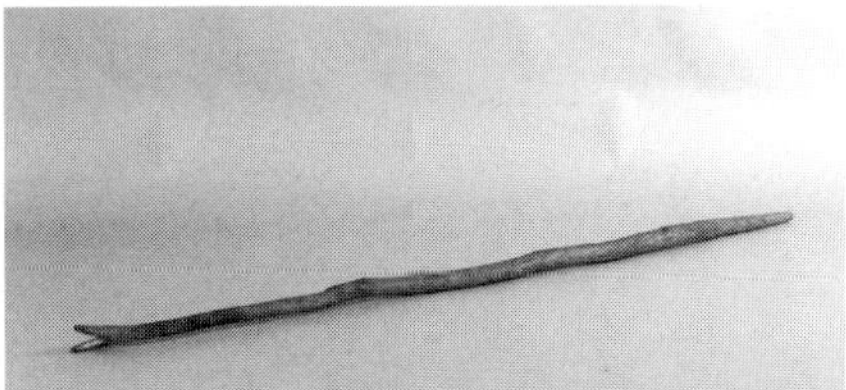

■身欠のベ棒　　昭和時代　増毛町
乾燥した身欠鰊の束を納屋に掛け、降ろすのに用いた棒。身欠鰊はサバサキリで裂かれた後、3、4週間ほど納屋がけして完全に乾燥してから引き抜かれた。
大きさ　長さ1600ミリ×奥行93ミリ×高さ44ミリ

カズノコ

留萌市など

豊穣や子孫繁栄を意味し婚礼や正月などの祝い事に欠かせない食材。

● カズノコの由来

鰊の卵巣を乾燥させたカズノコは、みがき鰊や干鮭などとともに近世の蝦夷・松前の代表的な産物の一つであり、北前船で大阪をはじめ日本各地の港に送られていた。

鰊は奥羽地方の方言でカドといい、「カドの子」が語源となりカズノコと呼ばれるようになったという説がある。数が多いということを連想する数の子（カズノコ）という名称はめでたく、豊穣や子孫繁栄を意味するものとして、全国的に婚礼や正月など祝儀の料理に欠かせない食材となっている。

なお、近世に一般に広く定着する日本の祝事の膳には昆布、するめ、塩鮭、カズノコが使われているが、その多くは蝦夷・松前の産物であり、日本の食習に果たした役割の大きさを物語っている。

● 干カズノコと塩カズノコ

カズノコには干カズノコと塩カズノコがある。干カズノコは天日干しで、近世から行われてきた古い製造法であるが、水で戻すのに時間がかかり、色も形も生には遠く及ばないという欠点があった。

これに対し塩漬けにした塩カズノコは生本来の色や形を保ち、塩抜きにもさほど時間がかからないため、明治時代から一部で製造されていたが、大正13（1924）年の『北海道水産重要製品銘産品調査』に「鰊鯑製品中最モ美味ノモノトシテ年々其需要ヲ増加シツヽアルハ塩カズノコデアル」と、大正末期頃になってから広く普及する。

また、昭和2年の北海タイムス『北海道・樺太名産投票』水産加工品の部の4位に塩カズノコが入っている。

その後、冷蔵施設の普及によって製造はますます増加し、戦後はほとんど塩カズノ

ことなっている。

●製造法

干カズノコ　鯡の卵を干して製造するが、3種類の製法がある。腹から取り出した卵を洗浄せずそのまま干し上げた黒乾法。海水を満たした水槽で卵の血抜きを十分に行って干し上げた半改良法。卵を海水を入れたタンク内に並べながら血が凝固しないうちに血抜きを行い、むしろの上に一つずつ並べて干し上げる改良法がある。

塩カズノコ　一般的には、鯡から取り出した卵を海水程度の塩水で3～4日換水しながら血抜きをする。黄金色になる頃合いをみてすくい上げ、飽和塩水中で3～4日塩漬けを行い、水きりをしてから選別して箱に詰めて冷蔵保存する。

■てっこ　　明治時代
ニシン漬し作業で抜き取った白子、数の子を分別する容器。使用後は重ねて収納したため、底板の縄を引き抜くための工夫がされている。
大きさ　奥行308ミリ×左右304ミリ×高さ212ミリ

鰊切込み

留萌市、小樽市、稚内市など

脂肪の少ない走り鰊を使い塩と糀でひと月漬け込んだ漁場料理。

●漁場料理・鰊切込みの由来

鰊切込みは古くから北海道の鰊漁場の家庭で作られてきた自家製造の料理の一つである。大正13（1924）年の『北海道水産重要製品銘産品調査』に特殊製品として鰊切込漬が載せられており、また、昭和12年頃に札幌物産協会が発行した『札幌市おみやげ品案内』には「鰊切込、本年度産鰊ノ切込ニテ風味佳良好評ヲ博シ酒肴ニ適ス」とあり、この頃になると水産みやげとして冬期などに瓶詰にして一部の商店で販売されていた。

しかし、日持ちの短い商品のため規模も小さく、商品としての本格的な販売は営業用の冷蔵設備が普及する戦後の昭和30年代後半以降である。

●製造法

かつて鰊漁が盛んであった頃には新鮮で、脂肪の少ない漁期はじめの走り鰊を使用したといわれているが、今日では新鮮な生鰊ばかりではなく、輸入品の冷凍鰊も原料として使われている。

鰊の頭、内臓、卵巣などを取り除いて薄い塩水で洗浄し、3枚に下ろし、さらに縦に2分してから1～1・5㎝程度の大きさに切る。これを数日、何回も水を換えながらさらして血抜きをして脱水し、鰊の量の17～20％の食塩と15～20％の糀を混ぜ合わせて漬け込む。

少し温かい室などで一日に1～2回攪拌し、30日程度で仕上げている。家庭料理として作る場合もほぼ同様である。

食べ方としては、そのまま酒の肴や御飯のおかずにすることが多いが、大根おろしを和える食べ方や寄せ鍋など、鍋物の調味料として用いることもある。

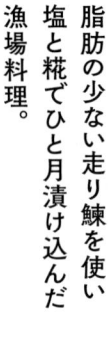

鰊燻製

増毛町、余市町、岩内町、函館市など

一度塩漬けした鰊を塩抜きして燻製する、明治時代から根強い人気の名産品。

●鰊燻製の歴史

魚介類の燻製製造については、開拓使による燻製鮭の製造にみられるように明治初期からの歴史があるが、鰊の燻製も早くから製造の試みがあった。

例えば明治25（１８９２）年の『北海道物産共進会報告』には、増毛郡弁天町（現、増毛町）の上野房次郎が燻製鰊を出品し、三等で褒章された記録が残されている。また、大正13（１９２４）年に北海道水産試験場がまとめた『北海道水産重要製品銘産品調査』には、北海道名産の一つに鰊燻製があげられている。同書によれば当時鰊燻製を製造していた主な製造所は小樽が6か所、古平2か所、増毛1か所となっている。

これらの地方は当時の鰊漁の中心地であり、古くからみがき鰊、カズノコ、糠鰊《ぬかにしん》など鰊製品の生産地であったが、新しい時代の名産品として鰊燻製の製造に取り組んでいた様子がうかがえる。

昭和に入ると全国的に観光が盛んとなり、北海道でも観光に力を入れ、鉄道や宿泊施設の整備に努めるとともに新しい名産品、みやげなどの製造を奨励しているが、当時の名産品や北海道みやげの上位には鰊燻製が入っている。例えば大正7年の『北海道百番附』の食物番附では前頭に鰊燻製（余市）、昭和2年の『北海道・樺太名産投票』では水産加工品の12位に燻製鰊（岩内）が入っている。

●製造法

一度塩漬けした鰊を適度の塩分を残して淡水で塩抜きを行い、水切り、陰干しをしたあと燻製小屋（燻室）の梁などに並べて掛け、楢、楓、柏などの燻材や鋸屑を燻して燻乾する。

なお、製造および原料に関しては『北海道水産重要製品銘産品調査』に「製品ノ優劣ハ原料ノ良否ニ左右セラルルコト多大ナルヲモッテ新鮮ニシテ肥大ナルモノヲ選択供使スベク、普通走リ鰊ヲ以テ適当トセラル」とあり、新鮮で大きな走り鰊がよいと書かれている。

■**背負もっこ**　昭和時代　増毛町
ニシン沖揚げ作業で、船からニシンを収蔵場所まで陸揚げするのに用いた背負運搬具。上口の横幅が下部に比べて広く、口が開いた形態になっていて、背には縦長の板が打たれている。これは、もっこを背負ったままニシンが入れられ、また背負ったまま横に傾けて肩越しにニシンを出すためである。
大きさ　左右620ミリ×奥行260ミリ×高さ854ミリ

北海道昆布

花折昆布、利尻昆布、三石昆布、日高昆布、松前昆布など

14世紀の文献にも記され、江戸時代には清国に輸出された北海道昆布。

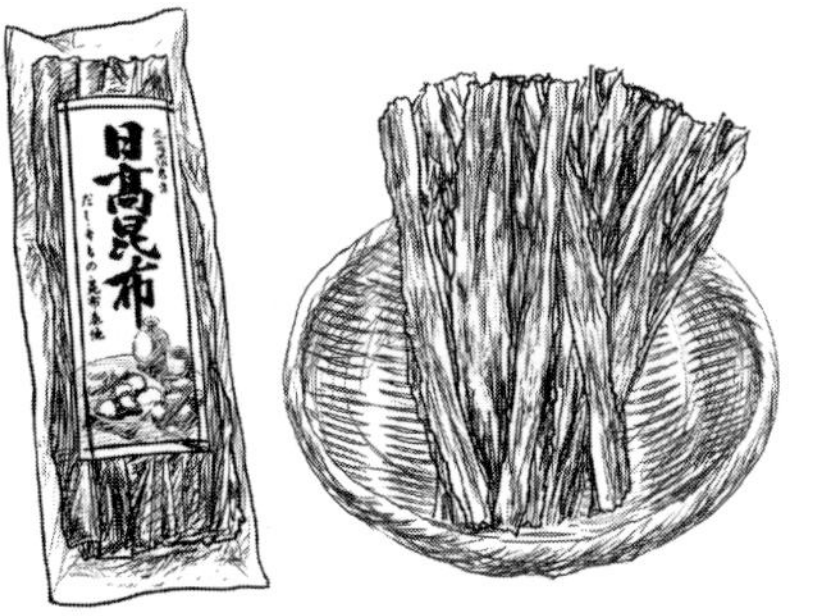

●昆布の歴史

昆布は北海道の産物のなかで最も古い歴史をもつ名産品である。

道産の昆布に関する最古の史料は元弘4（1334）年の『庭訓往来』に記述されている「宇賀昆布」である。宇賀は現在の函館市志海苔町附近で、その後、近世初期に若狭昆布として売り出された昆布も、宇賀昆布（志海苔昆布）を若狭国に運び小浜で加工した昆布であったといわれている。また、国内ばかりでなく長崎俵物として清国に輸出されるなど、松前を代表する産物であった。

昆布は明治以降も北海道の特産品として国内外に出荷されており、道民の多くも古くから北海道の名産品と認識していたようで、大正7（1918）年に編集された『北海道百番附』の食物番附では「横綱利尻　折昆布」、昭和2（1927）年の北海タイムス『北海道・樺太名産投票』水産加工品の部の1位が利尻昆布、5位が白糠昆布となっている。

なお、戦前においては千島の昆布も有名で、とくに品質の良い長切昆布を産出していた。

●昆布の種類と名称

その後も昆布は北海道の名産品として明治、大正、昭和、平成と今日まで受け継がれるが、その間に産地や名称に大きな変遷があった。

昆布は北海道沿岸全域で産出するが、種類によって、まこんぶ、ほそめこんぶ、ながこんぶ、あつばこんぶ、くきながこんぶ、ねこあしこんぶ、がごめこんぶなどの種類に分けられ、昆布の結束法によって元揃昆布、長切昆布、折昆布、棒昆布など、採取時期によって、さおまえ昆布、夏採り昆布、

用途による湯豆腐昆布、だし昆布、早煮昆布、さらに松前、利尻、三石などの産地名がつくなど、種類と名称は極めて複雑であるが、商品として現在は、利尻昆布、三石昆布、日高昆布、渡島昆布、花折昆布、利尻元揃昆布などがブランド名となっている。

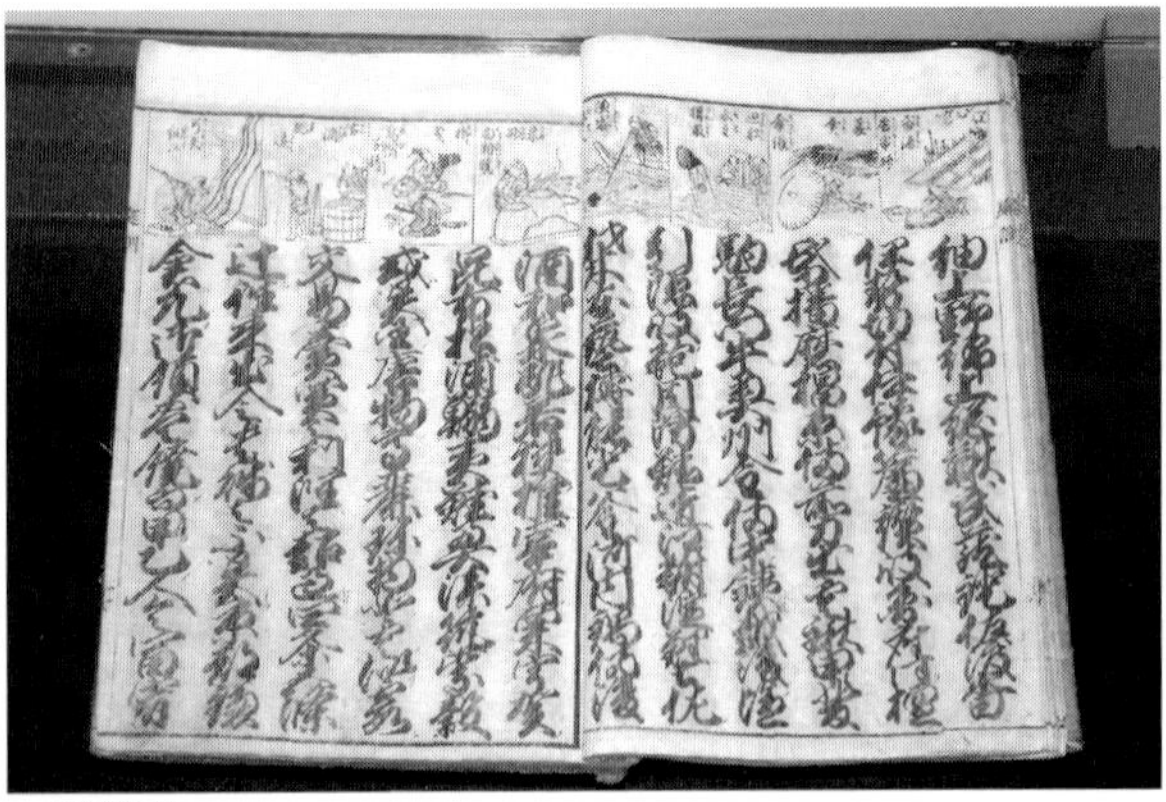

■庭訓往来《ていきんおうらい》　近世以前
室町時代初期に成立し、玄恵が著したとされるが、ともに不詳。書状の書式となるものを収める。この中に「宇賀ノ昆布」「夷ノ鮭」と当時の蝦夷地の特産物の名が記されている。中世蝦夷資料の一つ。

昆布加工品

函館市など

江戸時代から昆布の加工は大阪などが主だったが、北海道でも町では作られていた。

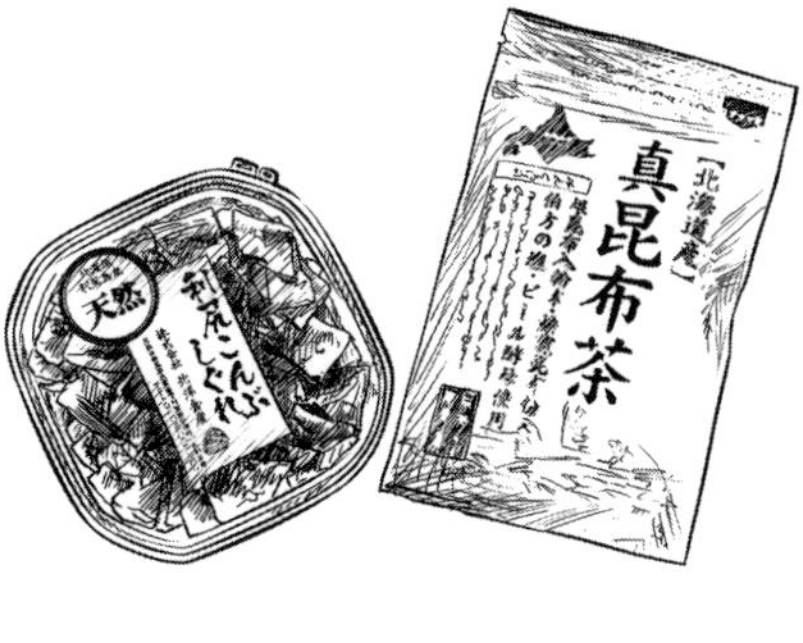

●昆布の加工と主な製品

昆布は古くから北海道の名産で、近世松前地では調理の出汁《だし》用ばかりでなく昆布加工品が作られており、とくに長崎貿易として清国に輸出する刻み昆布は重要な産物であった。

だが、昆布のほとんどは未加工のまま北前船で本州に送られ大阪などで加工される場合が多く、明治以降も地元での加工は少ないが、大正7年に編集された『北海道百番附』の食物番附で、函館の細工昆布が前頭に入るなど、町部では昆布加工品に人気があり、削昆布、昆布茶、昆布佃煮などが名産となっている。例えば昭和初期の記録にある道内製造の昆布製品の内容は、次のようなものである。

●削昆布

酢酸に浸し処理した昆布を包丁の刃で削りとった加工品で、一般におぼろ昆布、とろろ昆布と呼ばれているが、製造工程の順序で黒とろろ、白板昆布、白とろろ、おぼろ昆布がある。

削昆布は職人の手作業によって製造されたが、昆布の表面に近い部分を鋸状の包丁の刃で細線状に削ったのが黒とろろ、次の層を平刃で削りとったのがおぼろ昆布、その下の白黄色の部分を平刃で削ったのが白板昆布、これをさらに削ったのが白とろろである。白板昆布は年始や婚礼の祝膳に用いられ、とろろは吸い物用として広く用いられてきた。

●昆布茶

水と酢を半々ぐらいに混ぜ合わせた液に昆布を浸し、少し乾かしてごみなどを取り除いたあと、適当に切断し刻機にかけて細く削り、さらに日干し及び火で焙って乾燥させて製造する。粉末の昆布茶ではなく、普通の煎茶と同じように急須に入れて熱湯を注いで用いる昆布茶である。

なお、粉末昆布も製造されているが、昆布茶の用途としてより、風土病の薬として欧米への輸出が目的であったと考えられる。

●昆布菓子

主として渡島産の昆布を用い、砂糖で十分煮詰め、さらに砂糖をまぶして色々な形に整えた菓子である。昭和初期には北海道みやげの一つとなっており、例えば昭和14年に編集された『札幌市特産品案内』には「昆布菓子、道産昆布ヲ砂糖漬トシ種々ノ意匠ヲ加ヘタルモノ土産品トシテ多大ノ好評ヲ博セリ」とある。

なお、当時札幌でこの昆布菓子を製造していたのは大黒屋・坂井幸蔵と松島屋・斉藤喜太郎などである。

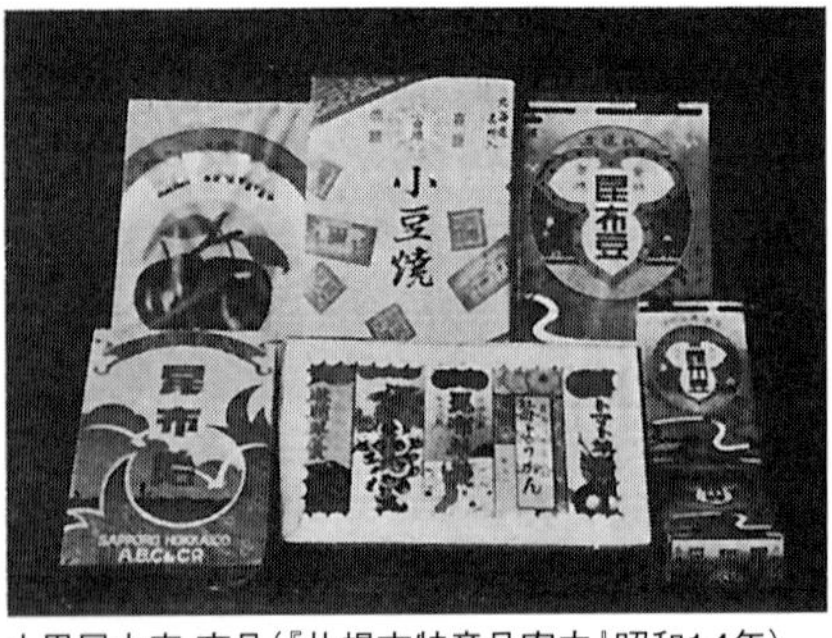

大黒屋本店 商品（『札幌市特産品案内』昭和14年）

うに缶詰、うに塩辛

礼文町、室蘭市など

漁家の安定収入のため商品化をすすめたうに缶詰。

● うに缶詰

うにの缶詰は明治時代から試みはあったようであるが、本格的な取り組みについては昭和11（1936）年から北海道水産試験場で研究・試作が行われてきた。

また、商品化については戦後の昭和29年頃で、礼文島や利尻島でとれたうにのほとんどが、下関などの工場で生産されるうに製品の原料として、安値で出荷されていたため、道内で商品化して価格をあげるとともに、漁家の安定した収入を確保しようと、水産試験場の加工部長などが製法を指導して商品化をすすめたといわれている。

缶詰であり、生うにと比べると味が落ちるのは当然であるが、長期保存がきくことから、料理用あるいはちょっと値の張る北海道みやげとして人気があり、昭和30年代からはじまる北海道旅行ブームによって北海道の名産品の一つに数えられている。

ちなみに今日、礼文町の船泊漁協が製造している缶詰「宝うに」は味がよいのが評判となっている。

● うに塩辛の由来と製造法

夏の温湿度が高く生鮮食品が腐りやすい日本では、古くから発酵食品の製造がさかんで、漬物、塩辛などが伝統的な食物となっている。とくに魚介類や肉類の塩辛はご馳走の一つで、うにの塩辛は古くから作られていた。

近世から海産物が豊富であった蝦夷・松前地ではうにも産物の一つであったが、天明4（1784）年の『東遊記』には「雲丹《うに》沢山有。されど塩辛にするものなし」とある。この時代うには生で食べることが多く、塩辛にして保存することは少なかったと考えられる。

明治以降の北海道におけるうに製品の製造は室蘭が古く、『殖民公報』第8号（明治35年5月発行）に「室蘭雲丹は今日北海道土産の一つとして称揚せらる、處なるか其起源は明治11年にあり」と記述されている。また、この当時の製品として雲丹塩辛、練雲丹、焼雲丹があげられており、塩辛の製法は、「殻を剥いたうに一升に付、上等食塩二合五勺ないし三合を加え、笊にあげて天日で乾燥すること両三日、乾き加減をみて樽に詰めて密封し販売する」と説明されている。

この後も室蘭の名産品として知られ、大正7年の『北海道百番附』の食物番附では横綱の上の別格の行司に位置づけられ、また、昭和初期の北海道おみやげ品案内などに紹介されている。

なお、室蘭では古くから多くのうに製品が作られており、塩辛の他、うにの缶詰、練うに、うに煎餅などの名産品がある。

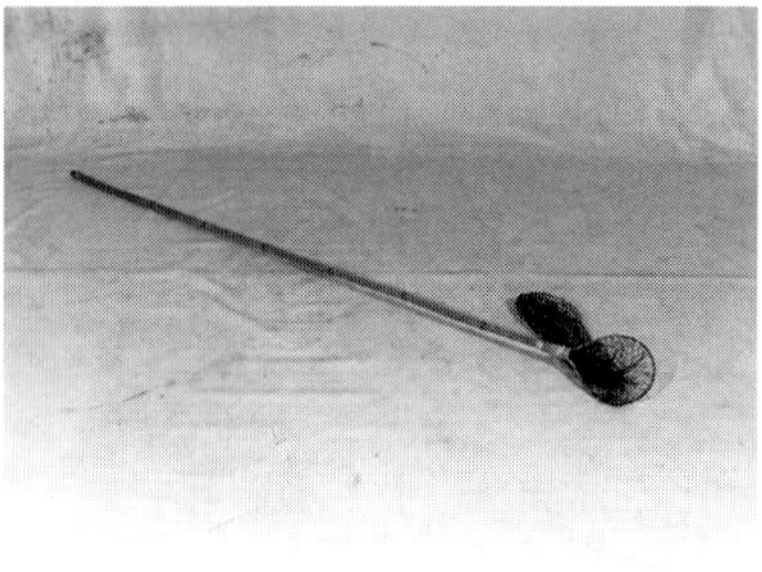

■ウニたも　昭和時代
岩礁や玉石などに棲息するガンゼ（バフンウニ）、ノナ（ムラサキウニ）を採取するタモ網。
磯舟でガラス箱を見ながらすくう。タモ枠に網目4cm、長さ62cmの網袋付き。

紅葉子

岩内町、小樽市など

紅葉のような赤色に漬けるから紅葉漬といわれ、戦後広く紅葉子と呼ばれた。

●紅葉子の由来

紅葉子はスケソウダラの卵を卵嚢のまま塩漬けにしたものである。本来の名称は鱈の子の塩漬け、たらこであるが、紅葉のようなあざやかな赤色に漬けることから紅葉漬といわれ、戦後になってから広く紅葉子と呼ばれるようになった商品である。

古くから漁家などで塩漬けにして食べることはあったようであるが、大正13（1924）年に北海道水産試験場が編集した『北海道水産重要製品銘産品調査』には銘産品の一つに鱈紅葉子（紅葉漬）があげられており、主産地は岩内、乙部、熊石、神恵内、泊、各地と記述されている。

また、昭和2年の北海タイムス『北海道・樺太名産投票』水産加工品の部の2位に「助宗子紅葉漬　岩内」とあり、この頃はまだ紅葉子の名称も統一されていなかったようであるが、大正から昭和初期頃にかけて、すでに北海道の名産品の一つとなっていたことがうかがえる。

紅葉子の製造は冬期で、卵の質が最もよい11～3月が最盛期である。したがって冷蔵保存施設が整備されていなかった時代には、全く冬期の食べ物といってよく、夏の観光客などのみやげとはならなかった名産品である。

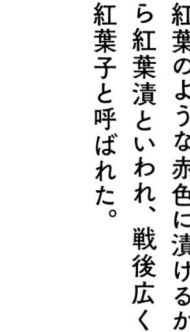

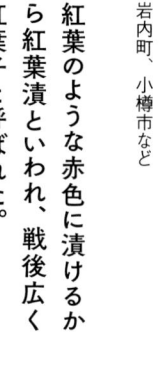

●製造工程

スケソウダラの卵嚢を取り出し、薄い食塩水でよく洗って卵嚢に付着する汚物や内臓を除く。このとき同時に色や形の悪いもの、未熟なものなどを除く。このあと塩漬け、着色の作業に入るが、塩の量や漬け込む時間は生子の成熟度によって微妙に異なり長年の経験で行っている会社が多い。また、着色については今日では食用色素は極力ひかえ、発色剤として許可されている食品添加物を少量使用して色調を整えている場合が多い。

塩漬けの間はときどき手返しを行い、着色のムラを防ぐのも重要な作業である。塩漬けの時間は生子の成熟度によって異なるが、普通の生子の場合、6～8時間ぐらいといわれている。塩漬けを終えた紅葉子は水洗いしてくず卵など付着したものを除き、形を整えスダレの上に並べて水切りをすれば完成である。

古くから紅葉子は笹の葉を敷いた底の浅い樽に詰めて出荷するのが普通であったが、これは笹が紅葉子の変質を防ぐ効果があるといわれているためである。

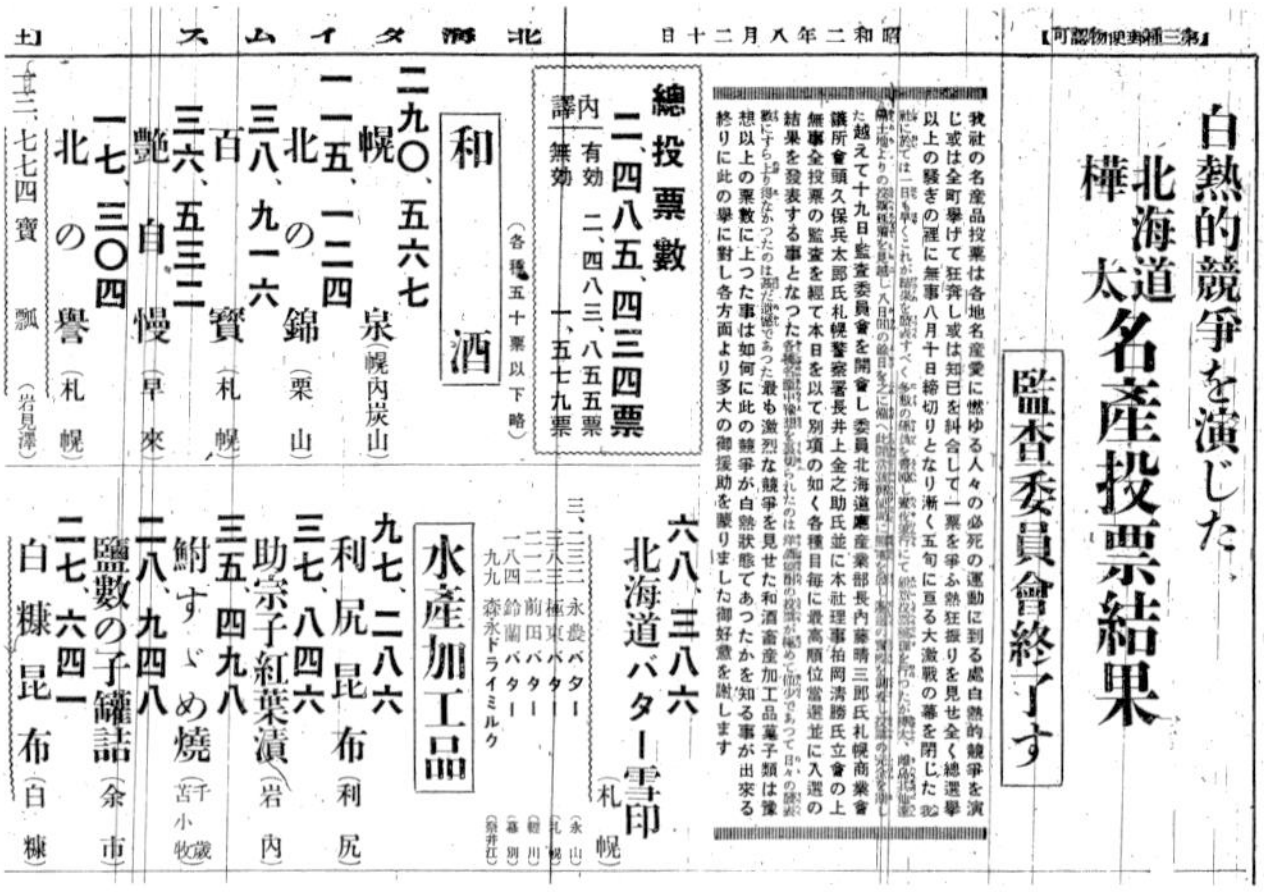
北海タイムス　昭和二年八月二十日　【第三種郵便物認可】

白熱的競爭を演じた
北海道 樺太 名產投票結果
監查委員會終了す

我社の名產品投票は各地名產愛に燃ゆる人々の必死の運動に到る處白熱的競爭を演じ或は全町擧げて狂奔し或は知已を糾合して一票を爭ふ熱狂振りを見せ全く總選擧以上の騷ぎの裡に無事八月十日締切りとなり漸く五旬に亘る大激戰の幕を閉じた……越えて十九日監查委員會を開會し委員北海道廳產業部長内藤晴三郎氏札幌商業會議所會頭久保兵太郎氏札幌警察署長井上金之助氏並に本社理事柏岡清勝氏立會の上無事全投票の監查を經て本日を以て別項の如く各種目毎に最高順位當選並に入選の結果を發表する事となつた……最も激烈な競爭を見せた和酒畜產加工品菓子類は豫想以上の票數に上つた事は如何に此の競爭が白熱狀態であつたかを知る事が出來る終りに此の擧に對し各方面より多大の御援助を蒙りました御好意を謝します

總投票數 二、四八五、四三四票
内譯 有効 二、四八三、八五五票　無効 一、五七九票

六八、三八六 北海道バター雪印（札幌）
三、二三二 永農バター（永山）
二、八三 極東バター（札幌）
二、一二 前田バター（輕川）
一、八四 鈴蘭バター（幕別）
九九 森永ドライミルク（泉井江）

（各種五十票以下略）

和酒
二九〇、五六七 幌泉（幌内炭山）
一一五、一二四 北の錦（栗山）
三八、九一六 百寶（札幌）
三六、五三二 艷自慢（早來）
一七、三〇四 北の譽（札幌）
一二、七七四 寶瓢（岩見澤）

水產加工品
九七、二八六 利尻昆布（利尻）
三七、八四六 助宗子紅葉漬（岩内）
三五、四九八 鮒すゞめ燒（苫小牧 千歲）
二八、九四八 鹽數の子罐詰（余市）
二七、六四一 白糠昆布（白糠）

『北海道・樺太名産投票』（『北海タイムス』昭和2年8月20日）

明太と明太子

岩内町、網走市など

北海道では明治40年代に朝鮮向け輸出品として試作製造が行われたのがはじまり。

● 明太の由来と歴史

明太は厳冬にスケソウダラの腹部を開き、内臓を除いて凍干したものである。明太製造のルーツは３００年前の朝鮮半島といわれている。

北海道では明治40年代に当時の朝鮮向け輸出品として試作製造が行われるようになるが、本格的には大正末期に朝鮮から技術者を招聘して後志管内岩内町で製造をはじめ、また、北海道水産試験場が昭和３（１９２８）年から同５年の３年間の１月から３月まで製造に関する調査を行うなど、岩内地方が明太の主要生産地となっている。戦前は輸出が主で日本人が食べることは少なかったが、戦後は国内需要が増加し、国内向けとして製造されてきた。しかし次第に頭部を除いた「凍干丸スケソウダラ」に変化し、現在では明太型の製品はほとんど作られていない。

● 明太子の由来

スケソウダラの卵嚢を塩と唐辛子で漬け込んだ明太子は、17～18世紀頃に朝鮮半島の元山地方で作られた保存食の明卵《ミョンナン》がルーツといわれている。20世紀に入り九州、博多の業者が当時の朝鮮から輸入して製造を試み、さらに戦後の引揚者が再び博多に伝え、昭和20年代頃から商品として出回るようになった。

北海道における明太子の本格的な製造は意外に遅く、昭和50年代に入ってからであり、後に「小林水産の辛子漬、明太子」と、初期の明太子の製造で有名となった網走市の小林水産で明太子の製造をはじめたのは、昭和56（１９８１）年である。水産物に関していえば、古くから多くの名産品をもつ北海道であるが、そのなかでは最も新しい名産品であるといえる。

干鱈と塩鱈

宗谷、釧路、日高地方

北前船で各地に送られ、京都の芋棒や江戸では新鱈として名を残した。

● 由来と歴史

鱈は松前藩の時代からの産物であり、近世中期の『東遊記』の「鱈多し、干鱈作るべし」など、干鱈に関する記述が多くみられる。

鮮魚など生鮮食品の流通が確立されていなかった時代、魚の干物や塩蔵品は貴重な食品で、北前船で蝦夷、松前地から送られる塩鮭、みがき鰊、カズノコ、昆布などは京都、大坂、江戸の三都をはじめ日本各地の食習に大きな影響を与えている。

干鱈や塩鱈も日本各地に送られ、京都の芋棒や、江戸の初冬の味覚である新鱈に名を残している。

さらに明治時代に入ると千島の漁場も加えて鱈漁はますます盛んとなり、中国貿易の輸出品としても重要な産物となっている。

● 干鱈、塩鱈の種類と製造

干鱈は製法によって種々の種類があり、昭和6（1931）年版の『北海道の商工要覧』では、おおよそ次のように説明されている。

漁獲した鱈の大部分は干鱈と塩鱈にする。干鱈には棒鱈と開鱈があり、棒鱈は鱈の肉質のみを素干しにしたもので、開鱈は鱈を適当に割り開き薄塩を施して乾燥させたものである。

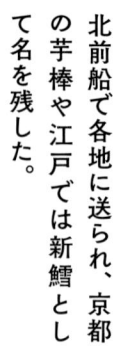

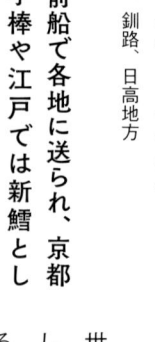

塩鱈は鱈の腹の臓物だけ抜いて塩をしたもので、またの名を塩蔵鱈あるいは新鱈という。また、産地については利尻、礼文の二島、根室、千島が主で、日高、宗谷、釧路がこれに次ぐとある。

このうち棒鱈は時代によって名称や製造法の違いがある。初期の棒鱈については、明治35（1902）年の『殖民公報』によると、骨付き、骨抜きの2種類があるが、骨付きは安くあまり作られていない。骨抜き棒鱈の製造は、まず頭部を落とし、魚体を縦に開いて背骨を除去し、左右の半身は切り離さず上部でつないだままにして乾燥棚に掛け、約一ヶ月外気にさらし乾かしたものと説明されている。

だが、棒鱈の名称はその後、製造法の変化や他の鱈製品との混同から広く使われるようになり、今日ではスケソウダラの丸干しや冷凍干しを棒鱈という場合もある。

さらにすきみ鱈も弁当のおかずや茶漬けの具として人気があった。スケソウダラの骨を除去し、きれいに皮をむいた身を塩漬けにして乾燥させたものもあり、釧路の佐藤仁亮が昭和3、4年頃、故郷静岡県のさめのたれ（塩干し）の製法を参考に試作製造し、昭和8～12年頃から市場に出回るようになったといわれている。

■干鱈
干鱈6束で米8升入1俵に相当（「夷諺俗話」）、1束80文（「蝦夷風俗彙纂」後編3）。
鱈は近世アイヌ語でイレクチといわれていた。
（板倉源次郎『北海随筆』元文4年）

帆立貝柱

根室市、網走市、天塩町、宗谷地方など

中国との貿易品だったが、北海道観光が盛んになると人気のみやげとなった。

●帆立貝柱の由来と歴史

貝柱は昆布とともに中国貿易の主要な商品であり、北海道における帆立貝の加工の歴史は近世松前藩の時代にはじまる。初期には帆立貝のむき身全体を煮干とした黒乾があったが、現在のような貝柱を煮て干した白乾の製造は明治31（1898）年頃からといわれている。

帆立貝の産地は古くは根室地方と言われていたが、北海道水産試験場が大正13（1924）年にまとめた『北海道水産重要製品銘産品調査』には、根室、北見、宗谷、天塩沿岸とあり、この頃になると帆立貝柱の生産が根室地方からオホーツク沿岸、さらに天塩、宗谷地方にまでひろがっている。

さらに、大正7年の『北海道百番附』の食物番附では「前頭　北見　帆立貝」とあり、昭和2年の北海タイムス『北海道・樺太名産投票』では、水産加工品の11位に「貝柱（下湧別）」と、大正後期から昭和初期にかけて、北海道の水産加工の名産品に成長したことがうかがえる。

昭和に入り北海道の観光旅行が盛んになると、最も人気のある北海道みやげとなり、当時のみやげ品案内などに大きく紹介されるようになる。料理用や、おやつとしての消費も多いが、現在も古くからの北海道みやげとして観光客に根強い人気を保っている。

●帆立貝柱の製造

貝柱の製造工程は一番煮、二番煮の二度茹と乾燥である。

一番煮は釜に海水を沸騰させ、帆立貝を殻付きのまま熱湯に入れて、貝の殻が開くまで茹でる。貝殻が開いたら釜から引き上げ、貝柱を囲んでいる俗にシブ皮、はち巻きなどと言われている被膜を除き、貝柱を殻から外し水にさらし洗浄する。

二番煮は清水に塩を溶かし8～8・5％程度の濃さの塩水を釜に入れ、中ぐらいの大きさの貝柱で10～15分煮沸し、一度火を落としてさらに3～5分煮沸する。

茹で上がるとこれを専用の折すのこに並べ、焙乾炉に入れて小一時間焙乾した後、冷まして日干しにかけ完成させる。

サロマ湖　ホタテ貝柱干し　昭和40年頃(『観光北海道』1965年版より)

シシャモ

鵡川町など

神が柳の葉を魚に変えて人に与えたという、アイヌ民話で有名な魚。

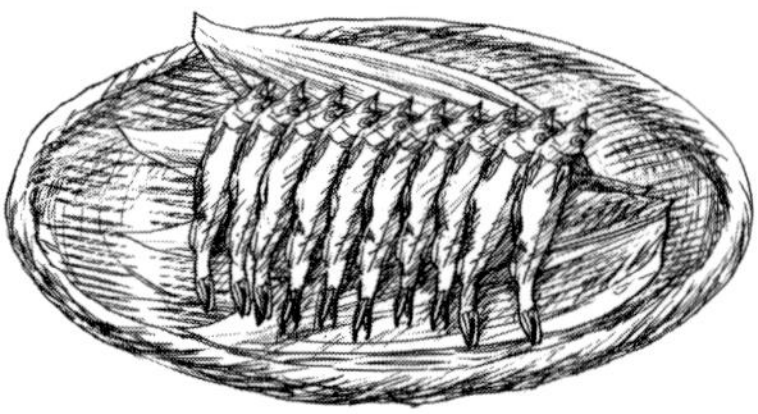

●シシャモの歴史

シシャモはサケ科の魚で漢字で柳葉魚と書くが、飢饉で食料が欠乏したときに神が柳の葉を魚に変えて人に与えたというアイヌ民話でも有名な魚である。

北海道の太平洋沿岸の地方でとれるが、鮭と同様2〜3年魚が主で、11月頃から産卵のために川に遡上し、海水の入らない砂利の川底に産卵し、あとは自然に死んでゆく。産卵前の魚を捕獲するのがシシャモ漁である。

乱獲のため昭和10（1935）年頃から激減し、戦後の昭和24（1949）年頃にはほとんどとれない状態となるが、26年頃からふ化事業を開始し今日に至っている。現在は、道産のもののほか外国からの輸入ものも多く、カラフトシシャモなどがシシャモとして販売されている。

●シシャモの加工

漁獲したシシャモは塩水漬けか散塩漬けで塩味をつけたあと、魚の口に枯れたヨモギの茎を通し、淡水で洗浄して屋外で天日乾燥する。

北海道東部の11月頃の気候は湿度も低く、温度も10度以下の日が多く、美味しいシシャモの乾燥には最適の条件といわれている。初冬に鵡川などの漁家やみやげ店の前に、店が見えなくなるようなシシャモのすだれ干しの風景がみられ、北海道の晩秋の風物詩のひとつとなっている。

干しシシャモは炭火で焼いて食べるが、頭と尾の部分をあまり焦がさないように焼くのが美味しく食べるコツである。

石狩味

札幌市　佐藤水産株式会社

福島県の紅葉漬などを参考に5年以上にわたる試行錯誤の繰り返しから生まれた。

●石狩味の歴史

佐藤水産の創業者・佐藤三男は、福島県の出身で、昭和23（１９４８）年10月、石狩の地で食品雑貨を扱う佐藤商店を始めた。その後、石狩で商売をする以上は、この浜であがる石狩鮭を使い北海道を代表する名産品を作りたいという思いを抱いていた。

そんな折り、福島県に住む従兄弟に「福島には『紅葉漬』というものがあるが、北海道にもあるか」と問われた。それから5年以上にわたる試行錯誤を繰り返しながら、昭和35年頃に完成したのが「石狩味」である。

鮭の身をサイコロほどの大きさに切り、特製の糀を加え一定期間低温熟成させるが、これに大粒のイクラが入るという鮭の旨さを最大限に引き出した名産品である。

製造当初の回顧によると、製造の過程で最も難しかったのは、糀の温湿度の管理と雑菌混入の防止であったといわれている。

●佐藤水産の精神

昭和43年、佐藤商店は佐藤水産に名前を変え、「鮭の一生を、より価値を高めて終わらせてやるのが、我々の責任であり、我が社に与えられた使命である」と人々から鮭の神様と呼ばれ、北海道の鮭を誰よりも愛した創業者、佐藤三男のもと、新巻鮭、スモークサーモン、筋子、イクラ、メフン等、鮭を本業とする会社として独自の技術で多くの鮭製品を生み出した。

今日では、千種を超える水産加工品を製造し、贈答品、みやげ品の販売でも道内最大といえる会社である。

「石狩味」は、半世紀に及ぶ北海道のロングセラーの名産品として、佐藤水産の精神とともに受け継がれている。

わかさぎ筏焼

大沼、網走湖など

大沼の名物の製法が伝えられ、昭和40年頃には遠く網走湖の名産品ともなった。

● 大沼と網走湖のわかさぎ筏焼

大沼は明治初期から道南地方の景勝地として知られていたが、明治36（1903）年の鉄道開通後は観光地として脚光をあび、道費で公園として整備されるなど北海道を代表する公園となり、大正4（1915）年には新日本三景の一つに選ばれている。

まだ北海道が開拓の途上で、大雪山や阿寒が知られていなかった時代に、大沼は北海道一の観光地として道の内外を問わず多くの観光客で賑わい、旅館やみやげ物店が軒を並べ、大沼名物が売られていた。

大沼名物については明治38（1905）年から販売されている大沼だんごが有名であるが、わかさぎ筏焼、鮒雀焼、鮒粕漬、海老佃煮、蓴菜なども古くからの名物であった。なお、鮒の雀焼は当時最も有名な大沼名物であったようで、『北海道旅行案内』（明治37年初版、44年再版）に「名物鮒の寿々女やき、停車場前の沼の家にて販売して居る鮒の寿々女やきは風味頗る宜しく、また大沼だんごも土産品として評判よく大沼に遊ぶ人は必ず之を求むといふ」とある。

また、網走湖のわかさぎ筏焼は、昭和28（1953）年頃に函館の珍味加工業者が網走で製造法を指導したのがはじまりといわれている。網走湖の名産として販売されるようになったのは昭和40年前後で、それまでは大沼に直送して加工していたが、その後、網走で製造するようになっている。

● わかさぎ筏焼の製法

竹串に5～6尾のワカサギを刺し、目の玉が白くなる程度に焼き上げて乾燥させ、塩、醤油、砂糖などのタレに通して味をつける。

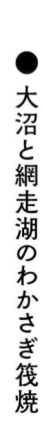

蒲鉾

小樽市　株式会社かま栄
札幌市　株式会社かね彦など

自家製造されていた日常の惣菜から贈答品、観光みやげとなった名物・蒲鉾。

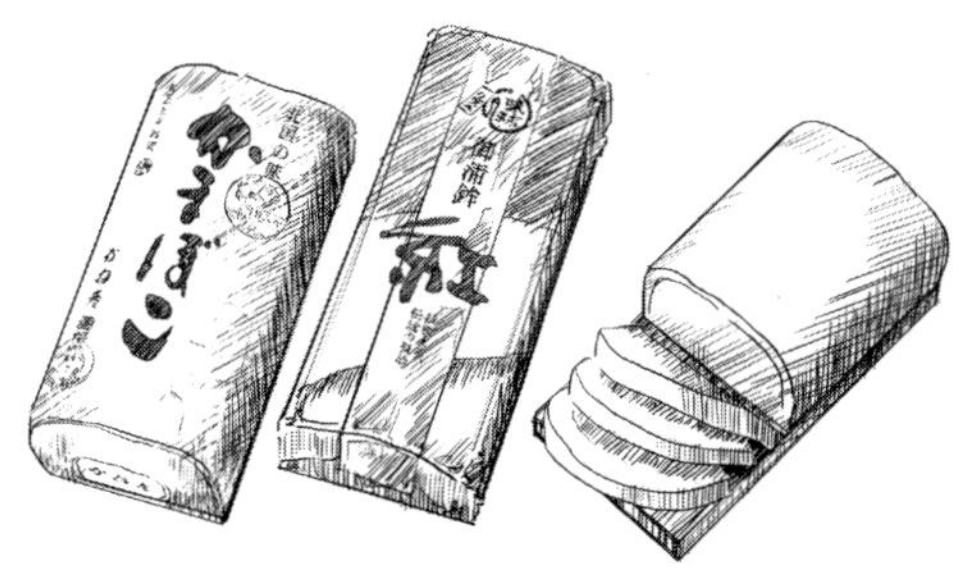

● 蒲鉾の由来と歴史

平安時代の文献に蒲鉾の記録が残っている。蒲鉾は魚のすり身を竹の串に塗り付けて焼くものだった。その形が蒲の穂に似ているところから、蒲鉾と書くようになったといわれている。

近世に入るとタイ、ハモ、アマダイ、ヒラメ、ハタ、イカ、エビ、フカ、ナマズなどを使った蒲鉾が作られるようになる。竹串の蒲鉾は竹輪となり、すり身を板に塗り付け焼いたり、蒸したりする板付蒲鉾も作られるようになっている。

北海道でも近世松前地の時代から蒲鉾が食べられていた記録はあるが、新鮮な魚介類が容易に手に入った道南地方の町や漁村では、明治に入っても、すり鉢を使ってすり身を作り、澱粉をまぜて自家製の蒲鉾を作った家が多い。

それでも北海道開拓が大きく進展する明治中期頃になると、函館、小樽、札幌など都市部を中心に蒲鉾製造が発達し、大正、昭和初期には、祝い事の食膳はもとより、日常の食卓にも蒲鉾が上がるようになっている。

● 小樽・かま栄と札幌・かね彦

このようななか、今日の北海道の蒲鉾製造店の老舗となっている二つの会社が創業している。その一つは小樽市花園町1丁目に本店（現、花園本店）を構える㈱かま栄である。明治38（1905）年にかま栄蒲鉾店として創業をしたのがはじまりで、当時、海運、商業、漁業基地等、小樽の地の利を生かす商売で、街の発展とともに歩み、戦前には小樽の丸井今井店に出店し、昭和22（1947）年に有限会社かま栄商店を設立した。以後小樽市民はもとより、多くの人々に親しまれてきた。

もう一つの、札幌の㈱かね彦は明治33（1900）年に中島彦平が現在の二条市場に中島鮮魚店を開き、大正7（1918）年に蒲鉾の製造部門のかね彦商店を設立したのがはじまりである。当時、魚を知り尽くした鮮魚店が作った蒲鉾として評判を呼び、市民に愛されてきた。今日も先代たちが築いた技術と信念を守っている。

● 名物蒲鉾

戦後の昭和30年代になると、日常の惣菜としてだけではなく、贈答品や小樽、札幌観光のみやげとして蒲鉾が売れるようになり、かま栄やかね彦では原料にワラズカなどを使った高級品の蒲鉾も作られるようになっている。この高級蒲鉾が観光みやげとして好評を博した。

その後、北海道各地でも地元産の魚介類を原料とした名物蒲鉾が生まれるが、代表的なものに稚内の石崎商店の珍味蒲鉾、焼ほたて、紋別の丸仙小林食品店の帆立かまぼこ、出塚食品のうにかまぼこ、紅鮭かまぼこ、かにかまぼこなどがある。

まるごと農産加工品ファイル

バター、チーズ

札幌市、函館市

欧米型農法の導入により開拓使が試作し、昭和初期には名産品となった。

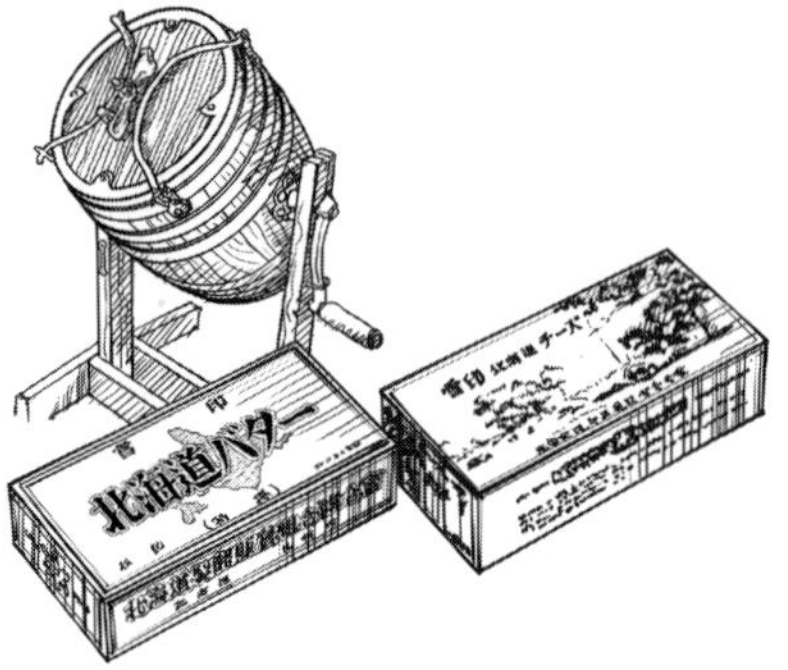

● バター製造の歴史

北海道における酪農のはじめは、明治初期の開拓使による欧米型農法の導入にもとづくものである。畑作牧畜農業の定着を目標に外国から洋式農具や多くの西洋作物の種苗を輸入するとともに、牛、馬、羊などの家畜類や酪農品製造用具を導入し普及を図っている。

この計画に基づき、明治7（1874）年には札幌の官園の牧場でバターの試作製造がはじめられている。バターは当時、日本語では牛酪と書かれ、一般には馴染みのない食べものであったが、明治10年の第1回内国勧業博覧会に出品し受賞するなど、新しい時代の食品として次第に認識されるようになる。

明治24（1891）年には札幌の宇都宮仙太郎が、民間ではじめて商品としてバターを製造し、札幌在住の外国人宅や豊平館などに納めたといわれている。さらに上磯町に設立されたトラピスト修道院では明治36年にバターづくりがはじまっている。

だが、商品としての製造や一般への普及は大正時代以降で、大正15（1926）年に雪印メグミルク株式会社の前身である北海道製酪販売組合連合会が500ポンドのコンバインドチャーンを導入して本格的な製造を始めてからである。

● バターの普及

昭和に入るとバターは都市部の家庭を中心に急激に消費が増え、北海道の名産の一つとなったようである。たとえば、北海タイムス昭和2（1927）年8月『北海道・樺太名産投票』の、畜産加工品の部で、第4位北海道バター雪印（札幌）以下、5位に永農バター（永山）、6位に極東バター（札幌）、前田バター（軽川）、鈴蘭バター（幕別）

と続いている。

また、昭和5年夏の北海タイムスの丸井百貨店のお中元の広告に「道産食料品、バター、チーヅ、ハム、ソーセージ」とあり、もうこの頃には贈答品、土産品として広く普及していたと考えられる。

●チーズの歴史

チーズもほぼ同じ歴史をもち、明治8年に函館の七重勧業試験場で試験製造されたのがはじまりで、明治37年頃にはトラピスト修道院で製造されたといわれているが、本格的な工場生産は、昭和8年に北海道製酪販売組合連合会が勇払郡安平村遠浅に発酵室を備えた工場を操業させてからといわれている。

北海道製酪販売組合連合会は、商標を「雪印」とし、バター、チーズ、アイスクリーム製造と事業を拡大し、さらにハム、ソーセージなど食肉加工品の製造を加え、保証責任北海道酪農販売利用組合連となり、戦時体制のなかで昭和16年に国策会社北海道興農公社となるなど戦中戦後の時代の紆余曲折の後、昭和33（1958）年に雪印乳業株式会社（現在の雪印メグミルク株式会社）となり、戦後の酪農製品製造の大手として、道民生活に大きな役割を果たしてきた。

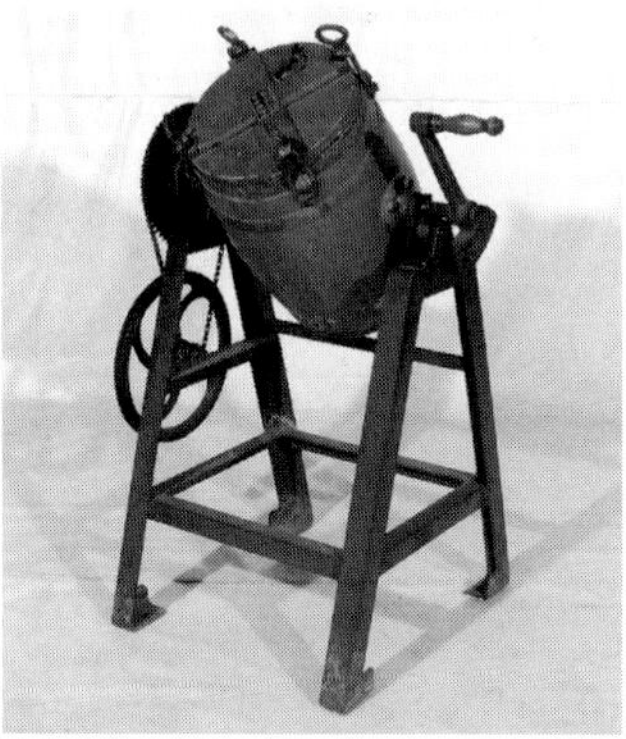

■バターチャーン
樽の回転で牛乳の脂肪分を分離してバタークリームを作る機械。

煉乳、粉乳

札幌市など

余剰乳の活用法としてはじまり、母乳の代用や栄養食として重宝された。

●煉乳製造の歴史

煉乳は明治5（1872）年に開拓使の東京の官園で試作され、明治8年にはこれを引き継いで函館の七重勧業試験場で製造されていたのがはじめといわれている。

煉乳は牛乳の水分を蒸発させて濃縮したもので、これに蔗糖を加えたものが加糖煉乳（コンデンスミルク）、糖を加えていないものが無糖煉乳（エバミルク）である。また、バター製造で脂肪分を抜いた牛乳から製造した粉乳が脱脂粉乳である。

札幌地方の煉乳の製造は明治14（1881）年の開拓使の真駒内牧牛場からはじまり、民間では明治32年に、乳牛の飼育、牛乳の販売をしていた岩淵利助など搾乳業者たちが、生産過剰となった牛乳の対策として札幌煉乳合資会社を設立し、製造を開始したのがはじめである。

当時の煉乳は缶詰にして薬店などで販売され評判となったが、日が経つと煉乳が凝固して返品されるような状態で、まだ安定した商品となっていなかったようである。

その後、東北帝国大学農科大学（現、北海道大学）の橋本左五郎教授の本格的な研究があり、また、国の煉乳製造に関する税などの優遇処置もとられたことから、左近彦四郎が設立した札幌煉乳場の金星ミルクや河井茂樹が設立した札幌酪農園煉乳場の旭コンデスドミルクなどが製造販売されるようになる。

とくに橋本左五郎が宇都宮仙太郎や古谷辰四郎の協力を得て大正3（1914）年に設立した北海道煉乳株式会社は、煉乳の製造及び普及に大きな役割を果たした会社であった。

●煉乳、粉乳の普及

当時、全道的に母乳の出が悪い産婦が多

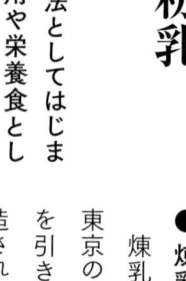

かったことから、煉乳は母乳の代用として育児にかかせないものとして、あるいは病人の栄養食などに重宝され、大正から昭和初期には北海道の名産となっている。たとえば、昭和2年の北海タイムス『北海道・樺太名産投票』畜産加工品の部で、1位金星ミルク（札幌）、2位　サッポロミルク（札幌）、3位　森永ミルク（奈井江）、9位　森永ドライミルク（奈井江）、とあり、ドライミルク（粉乳）もかなり普及していたことがうかがえる。

また、当時の煉乳類の生産状況については、昭和7（1932）年の『北海道商工要覧』では「現在煉乳及粉乳の製造工場は四ヶ所にして、其の代表的なものは札幌市の極東煉乳株式会社及大日本乳製品株式会社と空知郡奈井江の森永製菓株式会社（粉乳）である。斯業亦年々の需要増加に伴って其の発達著しく殊に品質の優良は府県産品の追随し得ぬ所にして、将来一層の発達は期して待つべきである」と、北海道の特産物として発展することに大きな期待がかけられている。

戦後復興のなかで道民の食生活の改善および育児のための煉乳、粉乳、脱脂粉乳の生産は重要な問題であり、昭和30（1955）年9月には道産牛乳百万石を突破するなど酪農事業が大きく発展した。昭和30年刊行の『北海道商工要覧』では道内に「煉乳工場　14、粉乳工場　13」となっている。

煉乳は今日では育児や栄養食というより果物売り場で売られ、苺に煉乳をたっぷりかけて食べる北海道の味として人気がある。

サッポロビール

札幌市など

お雇い外国人の野生のホップ発見がきっかけとなった、北海道が誇る名産品。

●開拓使麦酒醸造所の開業

日本におけるビール製造については、明治初期に横浜の外国人居留地でドイツ系の外国人によって製造されたのがはじめといわれている。北海道では明治9（1876）年に開拓使麦酒醸造所が開業し、ドイツ風の本格的なビールの醸造にとりかかったのが最初である。

それは開拓使お雇い外国人のトーマス・アンチセルが道内視察中に野生のホップを見つけホップの栽培を進言したことにはじまる。のちにビール醸造を決意した開拓使はイギリス留学の経験をもつ村橋久成を担当者とし、ベルリンで醸造技術を学んで帰国した中川清兵衛を雇い、ドイツ式のビールの製造が始められる。

だが、それまでに経験のない手探りのなかの開発であり、原料の不足、醸造工程での発酵の未熟、樽詰、瓶詰の不備など問題も多かったといわれている。それでも明治14（1881）年には、東京上野で開かれた第2回内国勧業博覧会で有功賞を受けるなど、次第に各地で好評を博すようになる。

●北海道名産サッポロビール

北海道庁が設置された年の明治19年に官営の麦酒醸造所は大倉組に払い下げられ、翌年には渋沢栄一、大倉喜八郎、浅野総一郎などにより札幌麦酒会社として運営されている。その後は順調に事業をのばし、販路を東京、大阪をはじめ全国的に拡大するとともにウラジオストック、上海、マニラにまで輸出している。

さらに明治33年には製壜工場を建設し、自社製造のビール瓶を使用するまでになっている。ちなみに明治35年頃の記録によると、醸造技師は日本人で従業員は技手、職工など３５０人となっている。

明治39（１９０６）年には、札幌麦酒、日本麦酒、大阪麦酒の国内大手3社が合併して大日本麦酒株式会社が誕生し、国内のビール生産量の70％のシェアを占める会社となる。その後、大正・昭和と国内外のビールの需要が増大し、札幌工場でも増産をかさねるが、昭和６（１９３１）年の『北海道の商工要覧』によれば「其の製品サッポロビールは芳香酸味其の度に適し、一度之を口にすれば忽爽快清楚の気全身に漲るとも云はる優秀品にして、其の名は既に内外に宣伝され、賞賛を博して居る所である」と、国内ばかりでなく外国にも知られる北海道特産品であるとしている。

なお、この時代に札幌工場で製造されていたビールは、札幌ラガービール、札幌黒ビール、ミュンヘンビールなどであり、ミュンヘンビールについては「獨逸ミュンヘン式の芳醇なもので、婦人にも飲み易く且クロビールと共に滋養に富んでいる」と説明されている。

戦後の昭和24（１９４９）年に過度経済力集中排除法によって大日本麦酒株式会社は日本麦酒と朝日麦酒の2社に分割され、昭和39年に日本麦酒がサッポロビール株式会社と改称され今日に至っている。

工場生産物としては、北海道で最も古く最も有名な名産品であるといえる。

ハム、ソーセージ

札幌市、函館市など

開拓使の試作から普及への半世紀の陰で、ある職人の伝統製法へのこだわりがあった。

●ハム、ソーセージの歴史

北海道ではじめてハムの試作が行われたのは、明治7（1874）年に七重勧業試験場が行った豚火腿の試験製造で、豚の腿肉を食塩の液に5〜6週間浸した後、約4週間燻製し、木綿布で包み、上から松脂を塗って貯蔵するという製造工程であった。

また、明治25年の物産共進会に山鼻村の浜野政之助が薫腿を出品し入賞するなどの記録はみられるが、その後の物産品評会などの出品も少なく、バター、煉乳などの乳製品とくらべると遅く、明治、大正においては製造販売に大きな動きはみられない。

ハム、ソーセージの製造技術をもつ者が少ないうえ製造に時間がかかり、製造施設も十分でなく、また、製品の保存が難しかったということなどが普及を遅らせた理由であるが、肉類が当時の人の口に充分になじんでおらず需要が少なかったのも大きな理由である。

●ハム、ソーセージの普及

ようやく、ハム、ソーセージの名前が特産物あるいは北海道土産として出てくるのは、昭和初期頃からである。

昭和5（1930）年夏の北海タイムスの丸井百貨店のお中元広告に「道産食料品、バター、チーズ、ハム、ソーセージ」とあり、また、昭和6年の『北海道遊覧案内』にみやげ品としてハム、ソーセージ、ベーコンがあり、この頃になると、かなり一般に普及していた様子が伺える。

戦時中は食料統制によって酪農製品の製造も制限されるが、戦後の復興で北海道の食肉製品や乳製品の生産に国民の大きな期待がかけられ増産が進められるなか、雪印の果たした役割は大きい。昭和24年の『札幌市商工要覧』には「肉製品―ハム、ソーセージ、酪農王国たる本道は肉製品を生産するのも当然であり、特に雪印ハム、ソーセージは有名で、食膳用に、土産用に賞用されている」と説明されている。

●函館カール・レイモン

北海道にはもう一つカール・レイモンのハム、ソーセージという名産品がある。

明治27（1894）年にドイツ・ボヘミア地方で食肉加工のマイスターの子として生まれたカール・レイモンは、父と同じ道を選び食肉加工の職人となり、フランス、スペインなどで修行を重ね、アメリカの食肉会社へ派遣されたが、その帰路の大正8（1919）年に憧れの日本に立ち寄る。

日本では、この25歳のドイツの職人の高い技術に教えを請うものも多く、東京の東洋缶詰で1年間の技術指導を務めたあと、缶詰の品質向上指導のため函館に赴き、ここで宿泊した勝田旅館の娘コウとの運命的な出会いがあり、大正11年にコウを伴い帰国している。

だが、大正14（1925）年に妻の故郷の函館で骨を埋める決意で再び来日し、函館駅前にハム、ソーセージの店を開いている。当時からハイカラを自慢とした函館でさえハムやソーセージを食べる人は少なく、苦労も多かったが、ホテルやレストランでは本場の味として「レイモンさんのハム」が評判となっている。

昭和に入ると市民のなかでもハムを買う人が増えて店も繁盛するようになり、昭和5年に故郷から職人を2人呼び寄せ、五稜郭駅前に工場を建設し本格的なハム・ソーセージ作りをはじめている。

なお、札幌などでもハム、ソーセージが次第に普及するのは昭和5年頃からであり、カール・レイモンの本格的なハム製造と一致している。

その後、戦中戦後の苦しい時代があったが、カール・レイモンのハム、ソーセージは頑固なまでにドイツの伝統の製法と味を守り、函館の名物として全国に知られた存在となった。昭和62（1987）年冬、カール・レイモンは93歳の生涯を閉じている。

なお、カール・レイモンのハム、ソーセージとその精神は、受け継がれ、㈱函館カール・レイモンとして続けられている。

ハムを持つレイモン（元町工場）

澱粉《でんぷん》

八雲町など

一名 片栗粉《かたくりこ》

馬鈴薯生産地で早くから広まり特産品となった、用途の多い農産加工品。

● 澱粉の由来と歴史

北海道の農産物加工品ではじめて特産品となったのは澱粉である。澱粉製造は明治11（１８７９）年に開拓使が馬鈴薯を原料に製造を試みたのがはじめといわれているが、本格的な製造は明治20年代の八雲村からである。

渡島管内八雲町は旧尾張藩主徳川侯爵が旧臣を移し積極的に開発を進めた町として有名である。明治36年発行の『殖民公報』によると、明治17（１８８４）年に農産物製造の模範として函館から澱粉製造機を購入し、水車を設けて澱粉製造を試みており、明治27年頃になるとようやく軌道に乗ったようで、同28年に開催された第４回内国勧業博覧会で有功賞を受賞している。

この頃になると八雲ばかりではなく全道的に澱粉製造がさかんとなり、大正４（１９１５）年には、北海道片栗粉同業組合聯合の第一回品評会が八雲小学校で開催されている。この品評会には八雲、奈井江、旭川、天塩、真狩の同業組合から８６４点の澱粉が出品されているが、受賞者をみると八雲村、森町、長万部村が多いが、空知の砂川、旭川、士別も含まれている。

この後、第一次世界大戦によるヨーロッパの農産物不足に基づく需要から澱粉の輸出が増加し、いわゆる澱粉成金も出現している。戦後は海外輸出は減少するが北海道の特産物として国内需要も多く、昭和６年頃の生産をみると５６００万斤を超える量となっている。

なお、昭和６（１９３１）年の『北海道の商工要覧』によると、主産地は上川郡士別村、虻田郡真狩村、空知郡奈井江村となっている。

●原料澱粉の用途と製品

澱粉は食料品や農産加工物の製造に使われるほか、工業生産物など多くの用途に供されている。

例えば食料品関係では水飴製造や菓子類が多く、キャラメル、きびだんご、ガムや小豆餡など多くの菓子製造に使われている。このほかアルコール、織物や生地の種糊、薬品、蒲鉾製造など幅広く使われ、製造業全体を支える存在である。かつては製紙、陶器製作、採鉱、印刷などにも材料の一つとして使われていた。

北海道産の食料品などでも古くから使われており、道産の澱粉（カタクリ）なしに考えられない名産品も数多く生まれた。

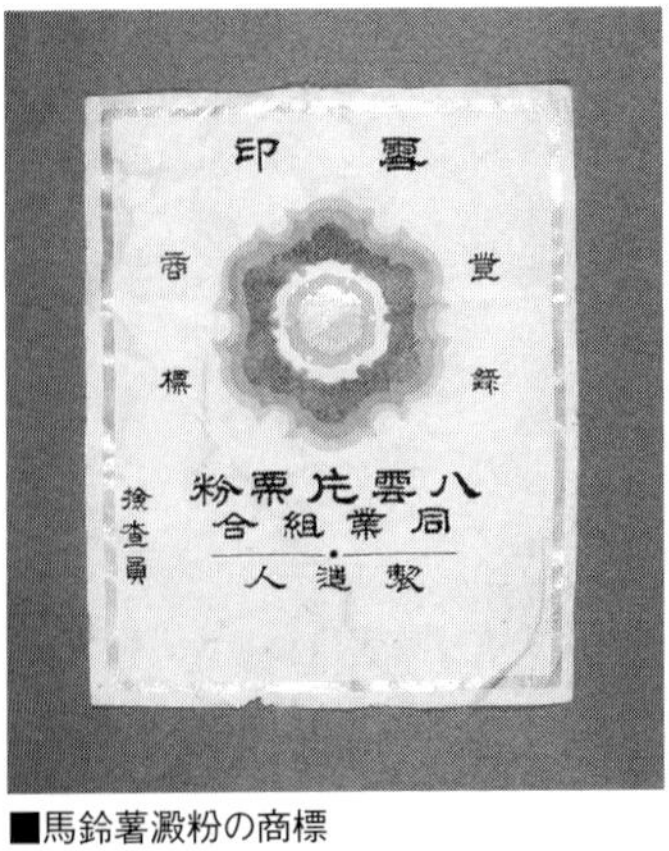

■馬鈴薯澱粉の商標
明治37年、馬鈴薯澱粉生産地の同業組合としては北海道内で最初に設立され、製品の品質向上などに取り組んだ八雲片栗粉同業組合の商標。「雪印」。一等品にあたる。

薄荷《はっか》

北見・網走地方

一時は世界7割のシェアを占め、今も北見地方の名物に使われる特産品。

●ハッカの栽培と発展

北海道における継続的なハッカの栽培のはじめは、明治24(1891)年の永山村(現、旭川市)で、山形県から移入して試作したのがはじまりといわれている。

その後、栽培の気候条件に適した北見地方での作付が急激に広まり、明治末期には国際市場で取引されるようになる。第一次世界大戦後は、世界市場での投機的な取引や関東大震災による在庫の焼失によって価格が高騰し、ハッカ成金を生んでいる。

国際的な取引になれていなかったことからサミュエル事件が起こるというような事態もあったが、その後も作付面積が増え、昭和14年には作付2万2000町歩、生産したハッカ脳60万斤、ハッカ油70万斤に達し、世界生産の7割を占めるにいたっている。

だが、その後は次第に衰退の道を辿り、『北見市史』に「昭和に入っても相当さかんであったが戦争になって姿を潜めた」と記述されている。ブラジルなどの外国製ハッカ製品や、昭和30年代半ばの合成ハッカの誕生、昭和46年の輸入自由化等で作付、生産額とも激減しているが、今日でも北見市、滝上町などで栽培されている。

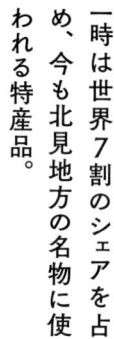

●ハッカ脳、ハッカ油の製造と用途

ハッカ草を刈り取り乾燥させたものを蒸留して採油し、冷却してハッカ脳(結晶、天然メントール)と、残油のハッカ油に精製するが、昭和初期の北海道では地元で精製することができず、ハッカの脳油を分離しないままの取卸ハッカとして神戸や横浜の業者に買い取られ、精製して輸出されていた。

なお、ハッカは国内でも種々の用途に使われ、ハッカ脳は主に医薬品、菓子類、煙草、ハッカ油は歯みがき、菓子類、化粧品などに使用されている。

北海道の観光みやげとして、紅茶に入れたり、おしぼりの香り付けに使うなどの用途の小瓶入りのハッカ油や入浴剤のハッカ湯があり、また、北見の銘菓にハッカ豆、薄荷羊羹などがある。

海外への輸出用ラベル（『北見薄荷工場十五年史』より）

北見　ハッカの刈り取り（『観光北海道』1965年版より）

アスパラガス

喜茂別町など

大正末期の缶詰工場設立をきっかけに特産品として知られるようになる。

●アスパラガスの栽培と缶詰の製造

アスパラガスはユリ科の多年草で、日本には近世中期にオランダ人によって観賞用として伝えられたといわれている。食用植物としての栽培は明治初期の開拓使によるものであるが、この時代には普及するにはいたらなかった。

アスパラガスが北海道の特産品となるのは、大正13（1924）年に後志管内岩内町にアスパラガスの缶詰工場が設立された以降のことである。

昭和に入るとアスパラガスの生産は栽培に適した肥沃な火山灰地の喜茂別町を中心にさかんとなり、産物として人に知られるようになるが、昭和6年の『北海道の商工要覧』には「アスパラガ人の缶詰は、未だ創業時代に属し、其産額も多かざる為め、今日に於いては生産の殆ど全部は、東京への特約販売となっている。」と、東京などのホテルやレストランの特約販売で、価格も高く一般には縁遠いものであった。なお、昭和6年頃、北海道の農産物缶詰として製造されていたのは、アスパラガスのほか、セロリ、トマトケチャップ、カリフラワー、いちごジャムなどである。

さらに、昭和7（1932）年には、朝日アスパラガス缶詰㈱（現、クレードル興農）が本格的なアスパラガス缶詰の製造をはじめるようになり、昭和10年代となると特産品や土産品の案内書には、北海道名産としてアスパラガス缶詰が紹介されるようになる。

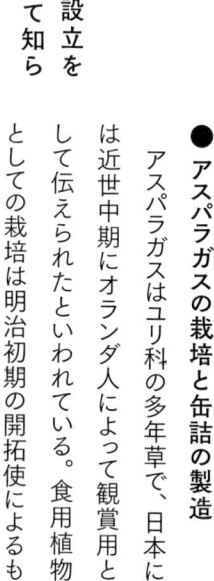

●ホワイトアスパラガスと グリーンアスパラガス

アスパラガスの缶詰は、いわゆるホワイトアスパラガスで、まだ日光があたらない土のなかの幼茎を原料としている。収穫期は

5月中旬から7月上旬頃までで、土中のやわらかい幼茎を一本ずつ採取ノミで収穫し、工場で選別して缶詰に製造する。

なお、地表から伸びて日光を浴び緑色がついたのがグリーンアスパラガスで、戦後は家庭料理の野菜、生食用としても需要が多く、今日では北海道各地でグリーンアスパラガスが生産されている。

クレードルアスパラガスのしおり

アスパラガス罐詰（『北海道商工要覧』昭和28年）

甜菜糖《てんさいとう》

十勝・網走地方

一名 ビート糖

寒冷地向け作物として進められた「甜菜」からできる、お腹にやさしい砂糖。

● 甜菜糖製造の歴史

甜菜糖は、ビートあるいは砂糖大根ともよばれる甜菜を原料とする砂糖である。明治14（1881）年に開拓使が胆振国紋鼈《もんべつ》村（現、伊達市）に設置した紋鼈製糖所のビート糖の製造が事業としてのはじめであるが、本格的な製造は、大正8（1919）年に北海道製糖㈱が帯広に設立されてからである。翌年には日本甜菜製糖㈱（大正12年、明治製糖㈱と合併）が人舞村字清水（現、清水町）に設立されている。

甜菜は、当時道庁が進めていた北海道拓殖計画の一環である寒地農業確立の根幹作物であり、その栽培は製糖事業とともに道の保護育成のもと発達したという経緯があった。

戦後、外国からの輸入砂糖の進出から道内の製糖は不振となるが、甜菜糖生産は北海道農業の発展の上からみても重要であり、昭和28（1953）年には、てん菜生産振興臨時措置法が施行されている。これによって甜菜の作付面積および甜菜糖の生産量は増加し、昭和60年当時には作付面積約7万ha、甜菜糖は国内の砂糖生産量の6～7割となっている。

甜菜の主な作付・生産は、十勝・網走管内が中心で、全道の約8割を占めている。

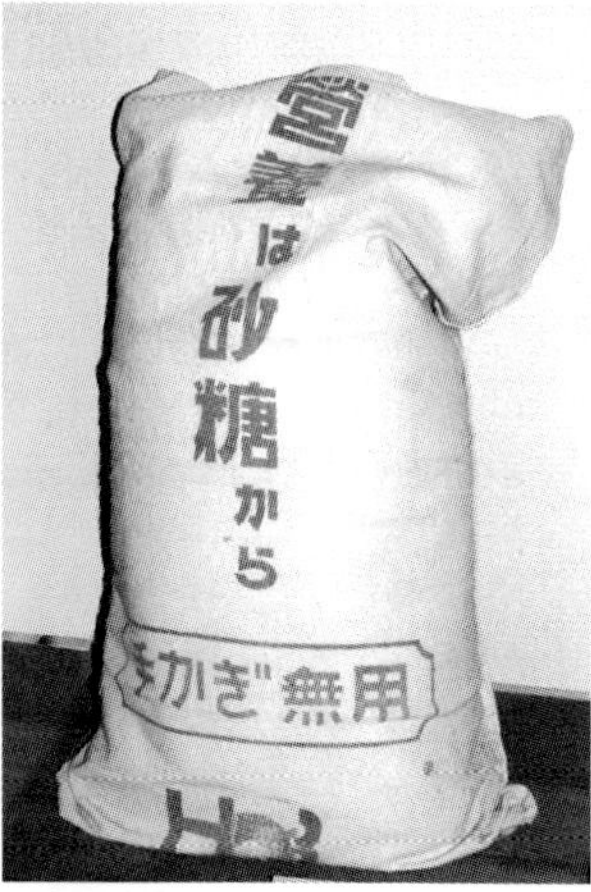

甜菜糖の布袋

ラベンダー

富良野市など

昭和初期に栽培されはじめ、一度は廃れたが、生産者の努力により観光農園としてよみがえった。

●ラベンダー栽培の歴史

ラベンダーはシソ科の植物で、抽出した油は香料として使われている。

北海道では昭和12（１９３７）年にフランスから種子を輸入し、栽培の適否を検査しながら岩内郡発足村と札幌市郊外の南の沢で栽培したのが最初であり、その後、札幌市近郊、虻田、空知、上川地方などで栽培されている。

現在、ラベンダー畑の観光で賑わう富良野での栽培のはじめについては詳しいことはわからないが、昭和30（１９５５）年にはかなりの栽培があったようで、発売された岩波写真文庫『北海道（中央部）新風土記』に「農産物の種類は極めて多く、ホップやラヴェンダーまで出来る」と説明されている。

昭和40年代になると富良野地方の栽培がさかんとなり、ラベンダーの栽培面積も最大２３０haとなるが、それまでラベンダーの精油を買い上げていたフランス、エッセンシャルオイルの買い上げ停止などで作付も急激に減少する。

昭和50年頃になるとラベンダー畑は富田ファームなど数か所となるが、ＪＲ北海道が製作したカレンダーにラベンダー畑が紹介され、さらに日本交通公社の『るるぶ』などが特集記事で取り上げたため、多くの観光客が訪れるようになり、夏の北海道観光の目玉となっていった。

●ラベンダー製品

ラベンダーオイルは、まだ満開のうちに花を枝ごと刈り取り蒸留して抽出し、ラベンダー香水、ラベンダー石鹸、入浴剤、匂い袋などが作られる。

まるごと木工・民芸品ファイル

木彫熊

八雲町、旭川市

農民の冬期の副業として、八雲の徳川農場で奨励されたのが、はじまり。

● 木彫熊の製作、八雲と旭川

今日では他のキャラクター商品に押され、若干人気が薄れたが、北海道を代表する民芸品として木彫りの熊がある。アイヌ民族の伝統的な民具の系譜を引くものと思っている人も多いが、実際には大正時代の後期以降に新しく作られた民芸品である。

山越郡八雲町で徳川農場を経営していた元尾張徳川家の徳川義親侯爵が大正10～11（1921～22）年にヨーロッパの農業経営や農民生活を視察したが、スイスの農民が冬期に作っている木彫りの熊を見つけて購入して帰り、冬期の副業として八雲の農民に木彫りの熊作りを奨励したのがはじまりである。

同13年3月に徳川農場の主催で第1回八雲農村美術工芸品評会を開催したが、このとき酪農家の伊藤政雄が出品した木彫りの熊が北海道で作られた木彫熊の第1号といわれている。なお、伊藤の木彫熊は昭和2（1927）年に秋田県主催の北海道奥羽六県連合副業共進会でも1等賞の表彰を受けている。この頃から木彫熊が一般に知られるようになり、北海道みやげとして売られるようになった。

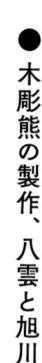

また、昭和の初期に旭川の近文では木彫の名手といわれた松井梅太郎がアイヌの伝統的な技法をいかした熊の彫刻をはじめ多くの作品を作っている。当時松井は八雲を訪れて八雲の技法を見ており、八雲と旭川の木彫熊にはお互いに何らかの影響があったと考えられるが、この二つの技法がその後の全道的な木彫熊製作の原点となったことに間違いはない。

木彫熊は昭和10年代にはみやげ物屋でも売られるようになるが、まだ正式な名称もなく北海道みやげの主役とはなっていない。当時のみやげ物一覧などを見ると、北海道郷土民芸品あるいは木材工芸品の一つとしてあげられる程度であった。だが、昭和20年代後半からはじまる戦後の北海道観光ブームが訪れると、木彫熊やアイヌ民芸品は最も人気のあるみやげ品となり、どこの観光地でも大量に製作・販売されるようになる。

●材料と彫刻法

木彫熊の原材料の多くはシナの木が用いられたが、木目の美しいセンの木も使われ、高級品にはエンジュやオンコの木が使われている。彫刻法は一刀彫り、丸彫り、柳彫り、三角彫りなどがある。

●木彫熊の種類

木彫熊の種類は製作地や工房によって異なるが、地を這うような形の這熊、口を開け吠える形の吠熊、親子の熊を配した親子熊、笹に通した鮭を担ぐ鮭負熊、鮭を食べている形の鮭喰熊、足を投げ出し座った形の座り熊などがあり、後には野球熊、ゴルフ熊なども作られた。また、壁掛け用の牙を剥く熊の頭部のレリーフも人気があった。

アイヌ木彫工芸品

旭川市、札幌市など

近世から珍しい蝦夷みやげの一つで、明治時代になってアイヌ細工と呼ばれるようになった。

●アイヌ民族の伝統的な木彫製品

アイヌの人たちが生活のなかで作り使っていた木鉢や盆などの伝統的な民具類は、近世から珍しい蝦夷みやげの一つであり、明治時代に入るとアイヌ細工などと呼ばれ、みやげ物あるいは民芸品として製作販売されている。

さらに観光旅行が全国的に盛んとなる大正時代後期から昭和初期にかけて、地方のみやげや物産が注目され、北海道でも多くのみやげ物が販売されるようになるが、とくにアイヌの木工品は人気があり、例えば大正10（1921）年に刊行された『全国特産品製造家便覧』によると、札幌には「木細工（アイヌ細工）石川松五郎、鈴木米吉、八十田宗吉、木工品（木地引）神崎四郎」といった製造者についての記述がある。

石川松五郎の石川商店は、明治後期の先代石川定七の時代から札幌市南2条西3丁目でアイヌ細工などを扱っていたみやげ物店で、大正14（1925）年の『札幌市特産品案内』の広告に扱い商品として、アイヌ細工、指物挽物細工、製造卸小売とあるように、アイヌ木彫工芸品製造・販売の草分け的存在であった。

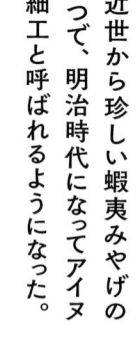

また、神崎四郎は明治36（1903）年に旭川でアイヌ細工を扱う商売に入ったといわれている。当時の旭川は第七師団の設置により全国から多くの兵士が集められたが、彼らが満期あるいは休暇で帰郷する際に、旭川みやげとしてアイヌ民族に関する物を欲しがるのをみて商売をはじめている。

神崎アイヌ細工店は旭川区5条通8丁目付近にあったが、札幌区南1条東6丁目にも北海工芸講習所（のち札幌工芸品協会）をひらき、新しい商品の試作や製造、子弟の育成などにつとめ、さらに戦後は㈱北海木工芸社としてアイヌ木彫工芸品の製作販売をするなど、この分野で大きな足跡を残している。

なお、昭和32（1957）年の北海道新聞の記事によると、当時アイヌ細工などの製作所は手仕事が主で、彫り手の職人は4、5人程度が普通であるが、北海木工芸社は約50人の従業人を抱えていると記述されている。

●昭和14年頃のアイヌ細工

『札幌市特産品案内』より（昭和14年発行）

アイヌ細工

盆、茶托、煙草入、箸、箸箱、手拭掛、ステッキ、其他家庭用小道具ヲ舊土人アイヌ族ガ獨特ノ妙技ヲ加へ、本道代表的土産品トシテ一般ヨリ賞セラル。

白樺枝木細工

スキー人形、たばこセット、一輪差、水盤、筆立、生花筒

コクワ細工

たばこセット、筆立、生花筒、刻煙草入

アカダモ杢木細工

花台、盆、菓子器、茶托、壁掛、たばこ入、写真挟など

北海木工芸社（『北海道商工要覧』昭和30年）

アイヌ人形

旭川市など

アイヌ文化と高い木彫りの技術が融合し、旭川から全道にみやげ物として広がった。

●アイヌ人形

北海道の先住の民族であるアイヌ民族の風俗や伝承をテーマとした木彫りの人形。アイヌの伝説をテーマにしたものや、男女一対をこけし風に仕上げたものが多く、威厳のあるアイヌのエカシ（長老）人形、仲睦まじいアイヌの夫婦人形、美しい娘ピリカ人形、小人伝説のコロポックル人形、狩猟の神トンチカムイ人形などがある。

コロポックルは、アイヌの小人伝説に登場するカムイ（神）で、蕗の下にかくれ住み月夜に現れて踊ると伝えられている。表情たっぷりの可愛らしい木彫りの人形は人気があった。

また、トンチカムイは穴の中の神様という意味である。小さな体であるが狩猟が上手で、アイヌの人に親切であったが、海を渡って北の方に姿を消したといわれている。

●木彫りみやげ品と旭川

このようなアイヌ人形の起源については定かではないが、明治42（1909）年頃に旭川市でアイヌが丸木舟に乗った木彫りのアイヌ人形をみやげに売ったのが最初といわれている。

旭川地方は古くからアイヌ民族の歴史があり、独自のアイヌ文化を育ててきた地方である。従って、高度な木彫りの技術と美的感覚をもつ人が多く、旭川は木彫熊、アイヌ人形など木工民芸品製造の中心的な役割を果たしてきた。また、明治33年の第七師団設置後、多数の兵士が配備され、これらの兵士の帰郷や面会に訪れる家族の旭川みやげとして、アイヌ民芸品を欲しがる者が多く、早くから神崎アイヌ細工店や勧工場の田中八右衛門などアイヌ民具を販売する店もあった。

木彫熊や木皿など、木製品が北海道み

やげとして知られるようになるのは昭和初期からで、アイヌ人形を含めたアイヌ民芸品が北海道の代表的な観光みやげとなるのは、戦後の昭和20年代以降である。

民芸品製造も札幌、阿寒、弟子屈などの観光地を中心に全道的に広がるが、常にその中心は旭川であった。

■置物(男性人形・女性人形)
正装したアイヌの男女の置物は、北海道観光みやげの定番。

ニポポ

網走市など

樺太アイヌに伝わる人形を刑務所で製作し、網走の観光みやげとして販売したのがはじまり。

●ニポポの由来と創作

ニポポとは樺太（サハリン）アイヌに伝わる小さな木の人形で、狩猟、漁労に出るときに豊漁と安全を祈願したお守りである。

昭和29（1954）年頃、当時の網走刑務所では朝鮮動乱後の不景気で、刑務所作業が少なくなり受刑者の新しい作業が模索された。

このとき篤志面接委員を務めていた網走市立郷土博物館の米村喜男衛館長が、樺太アイヌに伝わるニポポ人形を刑務所で製作し、網走の観光みやげとして販売することを提案。樺太新問からの引揚者の高山長兵衛のデザインをもとに彫刻家の谷口百馬が原型を彫り、網走刑務所で製作され販売されたのが郷土民芸品としてのニポポのはじまりといわれている。

その後民間業者も製作するようになり、昭和30年代から50年代にかけて観光みやげとして人気を博し北海道みやげの名物の一つとなる。現在でも、観光施設・宿泊施設などの売店の他、網走市内の土産品店やドライブインでも販売されている。

なお、米村喜男衛は網走市のオホーツク文化遺跡モヨロ貝塚の調査・研究を大きく進めた考古学者である。

●ニポポの形態と製作

八角形の胴に丸型の頭がついたこけしのような形で、柔和な笑みを浮かべた顔と、色彩を一切使わない木目を生かした木人形の美しさは、古代の仏像を見たような心に安らぎをおぼえるものである。

エンジュの材を用い、小さいもので高さ6㎝、大きいものでは高さ42㎝あるものまで11種類ほどあるが、高さ15㎝ぐらいのものが最も人気がある。

● 関連する北方民族人形

白老町にも樺太アイヌの信仰用の偶像を観光みやげにしたニポポ人形がある。

また、網走には戦後樺太から引揚移住した樺太アイヌやウィルタ族の人たちがいたが、ウィルタ族の人たちが、幸をもたらす人形として信仰していたセワポロロも郷土民芸品として製作販売されている。手にイナウ、首にアザラシの毛皮を巻いている。大きいもので高さ21㎝、小さいもので14㎝程度である。

古いニポポ（網走市立郷土博物館所蔵）

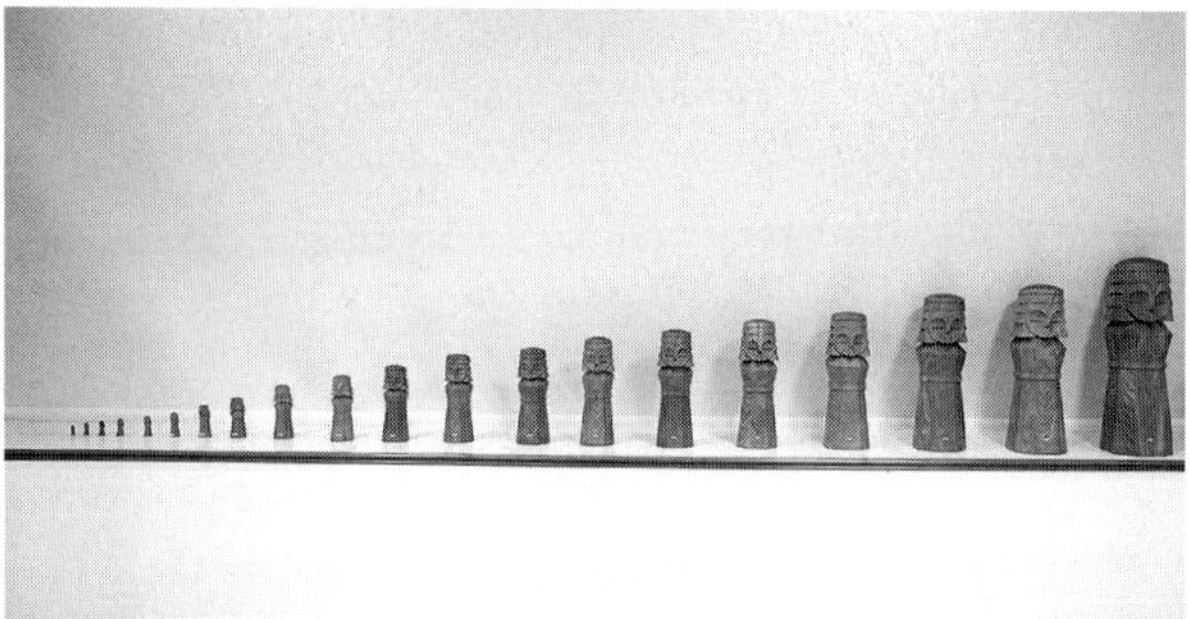
さまざまな大きさのニポポ

熊ボッコ

旭川市　有限会社トミヤ澤田商店

新しい木彫りの熊を、という考えから生まれた、愛らしい姿のみやげ品。

●熊ボッコの製作と販売

トドマツの天然の木目を生かした素朴なデザインの木彫熊で、足を投げ出して座った愛らしい姿が旅行者に喜ばれ、とくに若い女性のマスコットとして愛されてきた戦後の名産品である。この熊ボッコを昭和31（1956）年頃から製造し販売してきたのが旭川市常盤通り旭橋の近くに店を構えるトミヤ澤田商店（トミヤ郷土民芸）である。

トミヤ澤田商店は、富山県出身の澤田宇一郎が昭和2（1927）年に開いた額縁や雑貨の小売店にはじまる。当時の旭川は軍都としての活気があり、澤田商店は陸軍第七師団の御用商人の一つとして営内の酒保の売店の経営をまかされる。売店では兵士や面会などで訪れた人が旭川みやげを買い求めることが多く、木彫熊などアイヌ民芸品を扱うようになったという。

戦後の北海道観光がさかんとなる昭和30年代に入ると、木彫熊が北海道を代表するみやげ品となり、道内各地の観光地で売られるようになるが、手彫りの木彫熊は製作に時間がかかるために生産量が少なく、また高価であったため、粗悪品や道外の模造品も多く出回るような状態であった。

このようななか、新しい木彫熊をという考えから生まれたのが熊ボッコであり、同商店の川端町の工場で作られた商品である。

●製作工程と名称

熊ボッコの製造過程は、木目の荒いトドマツやエゾマツ材を選び、職人が木目を読んで顔、腹、手足の部分を決めて荒削りを行い、表面を火で焼いて焦がしたあと、木目を生かしながら成形している。

熊ボッコの名称は、トミヤ二代目で初期の製作に携わった社長澤田富治と専務の澤田栄治によれば、棒状の〝木のぼっこ〟を利用して熊を表現したため、熊ボッコになったと、言われている。

●関連商品

トミヤ澤田商店は北海道の木工芸品や工芸みやげ品全般を扱う商店で、昭和25年頃に設けた自社の工場で職人を抱え種々の製品を製作してきたが、一般的な木彫熊のほかに独自の木彫熊が製作されている。

昭和40年代頃に表情熊と商標登録された木彫熊は初恋、家路、巣立ち、母子などの熊の表情や動きを叙情豊かに表現したもので、例えば家路は家路を辿る母熊が子熊をいたわる微笑ましい姿が表現されている。

熊ボッコ

ガラス工芸品

小樽市、函館市など

日用品の製造からはじまり、漁業用の浮標の盛衰を経て小樽の文化として定着した。

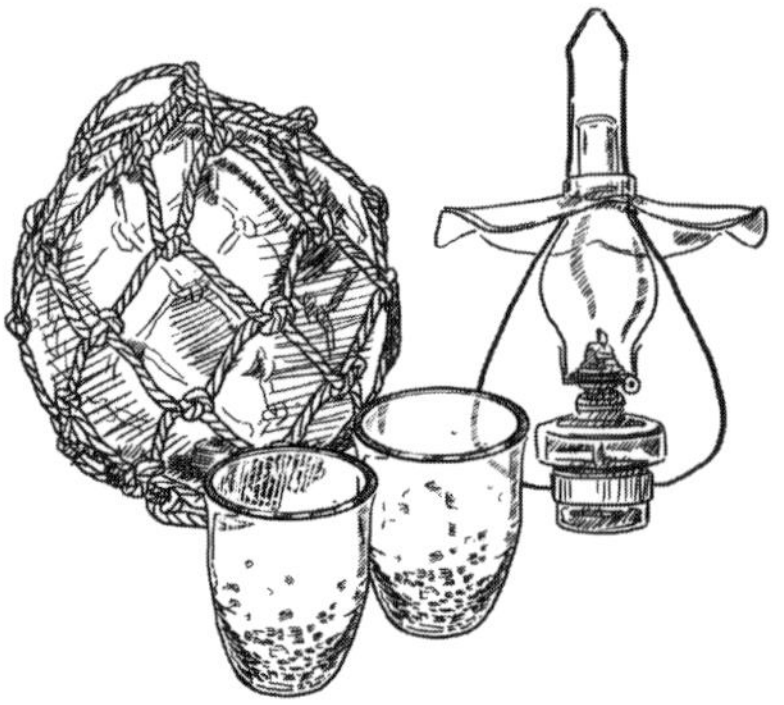

● 北海道のガラス工業の歴史

　北海道における初期のガラス製造は、明治12（1879）年に中野平吉が函館の恵比須町に金羽硝子工場を開いたのがはじまりとされている。続いて、同20年代に帆影町に佐野寅之助が佐野硝子工場を、23年には札幌で石田篤三郎、24年に函館で島本由太郎、小樽の山田町で井上寅蔵が、また明治29年には、札幌区北7条で河内硝子が工場を開いたとされている。

　そして明治33（1900）年に札幌麦酒株式会社、小樽の浅原久吉が富岡町に、35年に藤井丑吉が緑町に工場を開いた。札幌にて設立された札幌麦酒会社の製壜会社のビール壜製造を除くと、これらの硝子工場はランプ、薬瓶、牛乳瓶、コップなどの日用品を製作する規模の小さな町工場であった。

　大正・昭和になると教材などの理化学器具および医療用器具製造の需要もありガラス工場の設立は全道にひろがり、『北海道の商工要覧』によると、昭和15年頃には全道に15の工場を数えている。経営規模は相変わらず小規模で、戦時中の物資統制で閉鎖した工場も多い。

　戦後の昭和20年代になるとガラス製造も再開される。漁業の発展にともない漁業用浮標硝子の生産が大きく伸びている。札幌通産局の記録によると、昭和28年にはガラス生産の61％が漁業用浮玉の製造となっている。だがその後、北洋漁業の撤退、200海里問題、さらにプラスチックの普及などでガラス工業は衰退し、昭和40年代になると閉鎖に追い込まれた工場も多い。

● 北一硝子の誕生と発展

　このようななか、それまでにない新しい視点での硝子製造を目指した会社がある。

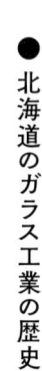

小樽ガラス製造の先駆者、浅原久吉の子息久重が開いた北一硝子。

家庭電化の普及、道民生活の向上にともない、当時の若い人たちが新しいスタイルの生活を求めたことから洒落たインテリア用品の需要が高まり、これに合わせたランプやグラスなどガラス器の製造をはじめている。また、当時は若い人を中心とした北海道観光のブームの時代であり、観光みやげとしてのガラス玉やランプの生産も大きくのびている。

昭和46（1971）年には社名を有限会社北一硝子とし、同60年には株式会社となり会社も大きく発展している。今日では日用食器としてのガラス器から、花瓶、茶器、置物といった工芸的な作品まで幅広く製造しているが、小樽の歴史、文化、風土に基づく製品の製造、地元に愛される商品作りをすすめ、小樽市民や道民に広く使ってもらいたいという基本的な理念はいまも変わっていない。

■カップ　　昭和初期
アイスクリームを盛り付けて食べるためのガラス製カップ。

北海道宝石装身具

帯広市、礼文町など

大正から昭和にかけ、十勝産の黒曜石「十勝石」や道産の石の宝飾品が多く加工されていた。

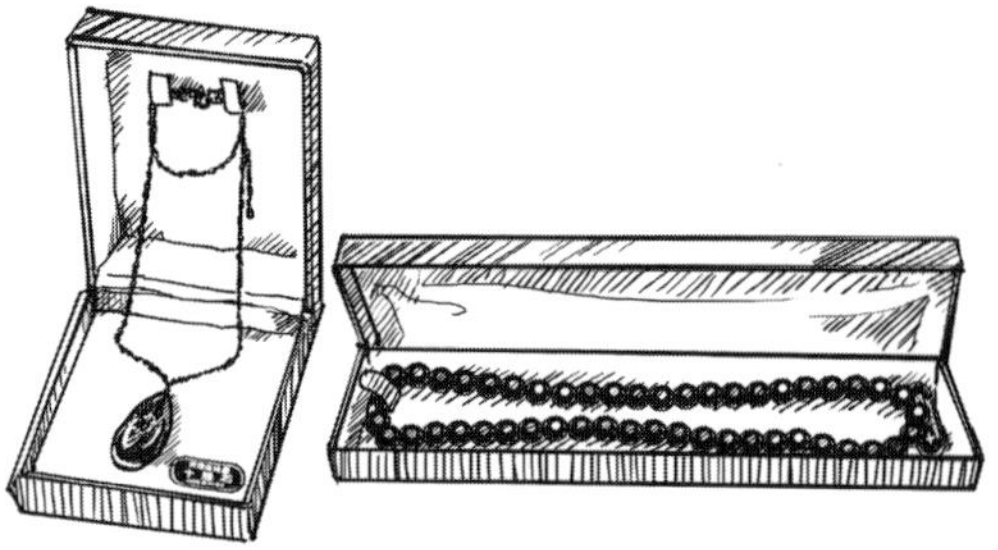

● 十勝石の由来と加工の歴史

かつて道産の宝石や貴石で製作したブローチ、指輪、ペンダント、ネクタイピンなどの宝飾品は、北海道みやげの主力品の一つであった。北海道産の宝石・貴石といえば、古くから十勝石（黒曜石）やメノウ、ジャスパーが有名である。このような宝石・貴石のみやげ物や宝飾品としての加工製造が盛んとなるのは大正時代に入ってからである。

特にみやげ物として本格的に十勝石を加工製造したのは帯広の坂本勝で、大正10（１９２１）年に編集された『全国特産品製造家便覧』に「坂本勝　中川郡利別十勝石細工品（印材、カフス、釦、風鎮の類）、湯呑、盃、硯、置飾物」とある。坂本は山梨県甲府の出身で家業は水晶細工業であった。

明治41（１９０８）年に来道し、音更川や居辺川の川原にごろごろ転がっていた黒曜石でダルマを刻み、十勝ダルマとして販売したのが最初であり、十勝産の黒曜石を十勝石と命名したのも坂本である。

昭和に入り、鉄道網の整備にともない全国的に観光事業が発展し、北海道観光が盛んとなると、十勝石など北海道宝石も注目され、坂本は帯広に開いた坂本勝玉堂の店のほかに札幌に北海道宝石商会を設立、大々的に十勝石やメノウの加工をはじめ事業を伸ばしたが、戦時となって事業を縮少し戦後の昭和28年に死去している。

だが、戦後の北海道観光でも十勝石細工は人気があり、昭和40年代には十勝川温泉の名物として販売されていた。なお、今日も帯広市の坂本ビルで営業している十勝石さかもと民芸品店は坂本勝が創業した店である。

また、昭和41（１９６６）年には、翡翠《ひすい》

が日高の山中から発見され、宝石加工場で装身具類が作られた。またこの時代、三笠市では、地元産のアンモナイトの化石を加工したネクタイピンやブローチなども販売されていた。

●昭和41年当時の主な製品と価格

今日では扱っている店も少なく価格も不安定であるが、昭和41年に日本交通公社（JTB）が発行した『旅行者のための全国郷土みやげ』の中に、掲載されている主な装身具等についての概略を記してみる。

「十勝石は音更川や十勝川でとれるもので黒漆のような光沢がある。これを加工した十勝石細工が十勝川温泉名物として売られている。ダルマ、カフスボタン、ネックレス、ブローチなどが500円から。礼文島のメノウ原石は有名だが、これを加工した礼文メノウ装身具は札幌その他にも出回っている。硬度8以上の優良原石で作られているだけに、ネックレス（1500〜3000円）・カフスタイピンセット（1200〜3500円）・ブローチ（800〜2000円）などすばらしいものがある」となっている。

■黒曜石
溶岩が急冷してできたガラス質の火山岩。北海道では、十勝石の名前で親しまれている。

優佳良織

旭川市　優佳良織工芸館

昭和中期に旭川で創作された北海道の自然風土がテーマの色合い豊かな織物。

●製作の由来と歴史

美しく染め上げた羊毛の糸と麻糸を用い、北海道の歴史・風土をテーマとした独特のデザインで織り上げたのが手織りの優佳良織である。織物の名称となっているユーカラは、古くからアイヌ民族に伝わる口承の叙事詩で、北の大地で繰り広げられたアイヌの歴史や英雄伝説を語る伝承である。

このような北の自然とフォークロア（民俗）をテーマとした新しい織物の創作は、昭和37（1962）年に旭川市3条7丁目に織元の木内綾が設立した優佳良織工房からはじまる。

北海道には古くからのアイヌ民族のアツシ織があり、明治以降も帝国製麻の麻織物、昭和初期の羊毛のホームスパン（エゾツムギ）など織物の歴史はあるが、北海道の名産品となるまでには至らず、日本各地に見られる伝統的な染織工芸も発達していない。木内綾は北海道に郷土の織物を育てたいという願いから道産の原料を使い、北海道の風土をテーマとした織物の創作にとりかかっている。

研究および試作を重ね優佳良織が北海道民芸品として認められたのは、北日本中小企業振興会会長賞を受けた昭和39年頃からであり、同時にショール、ネクタイ、テーブルセンターなどの商品も道産のみやげ品として人気が高くなっている。

その後、国内外の展示会に招待出品し、数多くの賞を受けるなど染織工芸品として高く認められている。また、優佳良織の全作品を展示し、その技法とともに後世に伝えたいということから昭和55（1980）年に設立した「優佳良織工芸館」は、旭川観光の名所の一つとなっている。

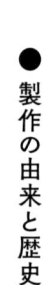

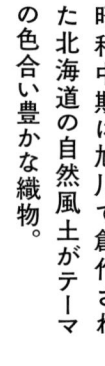

●製作工程と織柄

北海道産の羊毛と亜麻を原料とし、手で糸を紡ぎ染織して手織機にかけて丹念に織り上げる、ホームスパンの製法によって作られている。

織柄は、流氷、白鳥、ミズバショウ、ライラック、珊瑚草などの北海道の自然を写し取る図案が多く、絵を描くように何色もの糸を使って模様を織り込んでいくため、一つの作品に150色を超える糸が使われている。

優佳良織を使った商品には、ショール、帯、道行、ネクタイ、テーブルセンター、サイフ、ハンドバッグなどがある。

木内　綾

アッシ織

旭川市など

オヒョウニレの繊維で織られたアイヌ民族伝統の織物で、財布などに加工され人気がある。

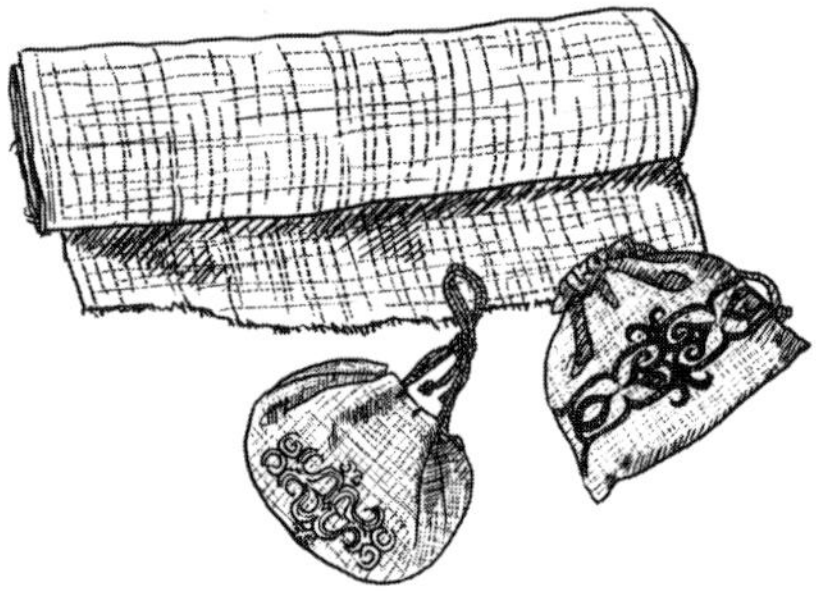

●アイヌ民族の織物

アッシ織はアイヌ民族の伝統的な織物で、日常の着物や前掛けに用いられていた布である。材料はオヒョウニレの皮の繊維で、春に木を枯れさせない程度に樹皮を剥ぎ、沼や湖に2～3週間ほど浸してアクとぬめりをとり、柔らかくなった繊維を洗って乾燥させて糸をとる。この糸を用い簡単な機織機で織り上げた布がアッシ織であり、ほかにシナノキ、ハルニレなどからとった糸で作られた布もある。

襟や袖口に、和人との交易で得た木綿や木綿糸を使いアイヌ模様の刺繍の縁取りなどを付けたアッシの着物は、近世から蝦夷みやげとして有名であり、明治以降も特別なみやげとして使われていた。だが、開拓による急激なアイヌ文化の衰退、生活様式の変化があり、製作が激減している。

昭和に入り、観光旅行がさかんとなると北海道みやげとしてアッシ織の布の一部を使って作られたテーブルクロス、手提げバッグ、財布、壁掛けの布などが作られるようになり、今日に受け継がれている。

●アッシ織民芸品

アイヌ民芸品の製作が盛んであった旭川では、かなり早い時期からアッシ織の技術の伝承や、新しい作品製作の取り組みがあったが、大きな流れにつながらなかった。

それでも北海道みやげとしてアッシ織の財布や手提げバッグなどに人気があり、昭和40～50年代の製作について旭川で製作工房を経営していた猿田公子の場合をみると、元になるアッシ織は平取町二風谷のアイヌの女性が織った布を買い取り、これを染色・加工してアイヌ模様の刺繍や切状を施した財布、名刺入れ、ハンドバッグなどを作っている。

このアッシ織民芸品は都市のデパートや主要観光地のみやげ物店で売られたが、デザインや加工の技術がよく観光客に人気があったといわれている。猿出公子は、このアツシ織民芸品の製作によって昭和52年度の旭川市民芸品振興連合会会長賞など、多くの賞を受賞している。

道民のなかにアイヌ民族の文化や伝統的な生活技術を残そうという機運の高まりもあり、アッシ織の講習会などが各地で行われている。

■アツシ織の順序　　大正年間
大正7(1918)年、札幌で開催された『開道五十年記念北海道博覧会』あるいは大正2(1913)年大阪市での「明治記念拓殖博覧会」で展示された資料。
蓋に「アツシ織の順序を示す標本　日高沙流郡　平取尋常小学校」とある。

人造まりも

釧路市

天然記念物まりもの保護育成運動のなかで考案され、大人気となった。

●製造のきっかけ

阿寒国立公園の阿寒湖に生息する特別天然記念物まりもは、丹頂鶴とともに北海道を代表する自然遺産である。だが、戦後に阿寒観光がさかんになると、心ない観光客が観光の記念としてまりもを無断で持ち帰ったり、観光客目当てに勝手に採取し販売するものなどがあらわれて、まりもが激減する状態となった。

このような事態に天然記念物まりもの保護が叫ばれ、昭和25（1950）年に始まる「まりも祭り」もまりもの返還運動、保護育成運動のなかから誕生した行事である。また、盗難防止対策の一つとして、模造品の人造まりもを販売するという案が出された。このとき人造まりもの製造に着目した者の一人が釧路市の宮崎武志で、昭和29年から試作をはじめて一年がかりで模造まりもを完成している。

●製作と販売

札幌や道外の業者のなかでも人造まりもの製造を試みたものがあったが、その多くは形状だけの模倣であった。宮崎武志が完成させた人造まりもは、羊毛を原料としたもので、色や形状はもとより手にした感触もそっくり、さらに水に入れると泡をつけて浮き沈みするなど本物と見違えるばかりの出来栄えであった。この人造まりもを昭和30年のまりも祭りから店頭に並べて販売したが、大変な売れ行きをしめしたといわれている。当時の新聞記事によると「昭和31年には5千個製造したが、今年は2万個の製造を目標にしている」と書かれている。この後、人造まりもは木彫熊、白樺絵などとともに阿寒湖観光の土産品となり、昭和40年代以降は阿寒湖ばかりでなく全道各地の観光地で売られるようになり、北海道の代表的な土産品になっている。

北海道特産品・名産品の歴史

北海道の自然や産業発達の歴史から生まれた特産品・名産品は、地域の文化や産業の基盤をなすものの一つであった。その歴史は、どのような経過とともに育まれてきたのか……

●北海道特産品・名産品の歴史

日本各地の特産品、名産品は、その地方の自然、歴史、風土を背景に成立し、継承されてきたものであり、地域の文化や産業の基盤をなすものの一つである。

今日の北海道の特産品、名産品をみると、近世松前藩の時代や明治開拓の初期から永く受け継がれたものや、つい最近になってから製造され人気になったものなど様々なものがあり、また、時代とともに消えた名産品も多いが、これらはすべて北海道の自然や産業発達の歴史から生まれたものである。

なかには形態だけをみると、日本のほかの地方の名物に似ているものもあるが、製造販売の経緯を調べてみると、開拓時代に新しい土地で苦労して原料を作り、故郷を偲んで出身地の名物に似せて新しく商品を製造したという由来をもつなど、心情的にみても日本各地の名産品の成立とは性格を異にする名産であるといえる。

また、郷土みやげはその土地の名産品を如実に物語るものである。もともと北海道は明治以前より日本各地と人の往来がさかんな地方で、函館、札幌、小樽などには古くから旅館、旅行案内、みやげ物店などが繁盛している。

特に、開拓が大きく進展し、鉄道輸送網が整備される大正中期以降になると、仕事はもとより一般の観光客も次第に増え、さらに昭和に入ると、温泉地や観光地が整備され、昭和9（1934）年に大雪山および阿寒が国立公園に指定されると、多くの旅行客が訪れるようになる。

当時、遠い異郷のような北海道を訪ねた旅行者の多くが、より北海道的なみやげを欲しがったのは当然のことであるといえる。それは、北海道にしかない珍しいもの、北海道でしか手に入らないものが望まれ、アイヌ工芸品、水産加工品、酪農製品、菓子類を中心とした北海道みやげが成立するという経緯がある。

この傾向は戦後にも受け継がれるが、北海道みやげの多くは、北海道の代表的な特産品、名産品を、みやげとして手持ちのできる大きさや形に商品化したものであるといえる。

1 近世松前藩と産物

17世紀初頭、日本最北の藩である松前藩が成立する。当時の北海道は和人の住む松前地と、名目上はアイヌ民族の居住にまかせ松前藩が管理する蝦夷地に分けられていた。

松前（福山）、江差、箱館（現、函館）を中心とした松前地は、現在の道南地方の海岸線の僅かな地域である。松前藩は農業が発達せず、幕藩体制のなかでは唯一稲作農業を藩政の基盤としない藩で、豊富な海産物やアイヌ民族との交易によって得た珍しい蝦夷産物、さらに檜山造材などにかかわる収益によって藩財政が支えられていた。

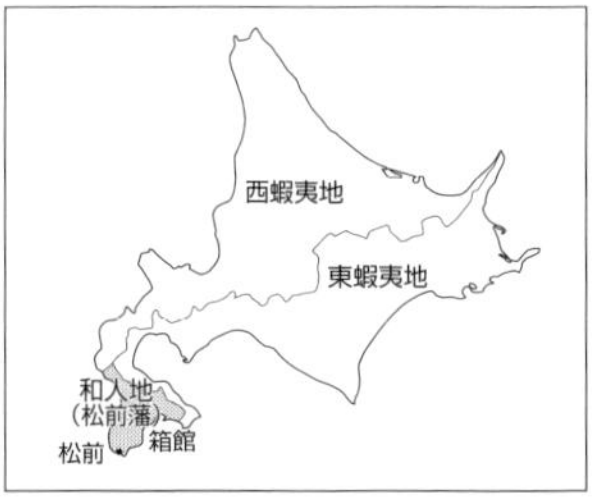

16世紀中ごろの北海道の区分

近世初期の産物については、例えば蝦夷交易に関する古い文書である17世紀初頭の元和年間のイエズス会宣教師の報告には、アイヌ民族が松前に持ってくる産物として、干鮭、鰊、白鳥、鶴、鷹、鯨、トドの皮、ラッコの皮、トド油、鷲羽、緞絹などとある。

また、17世紀後半の寛文年間の記録『津軽一統志』から主なものをみると、干鮭、熊皮、鹿皮、真羽、鶴、鯨、塩引鮭、魚油、西蝦夷地の産物として鰊、数ノ子、串貝、あざらし、えぶりこなど、東蝦夷地では干鱈、らっこ皮、赤昆布、などである。

さらに幕府への献上品として、鰊披《にしんひらき》、寄鰊子《よせかずのこ》、鰊干物、藻魚披《そいひらき》、串鮑《くしあわび》、干鱈、鮭披《さけひらき》、鮭塩辛、昆布などが記録にあげられている。

このなかには干鮭、塩引鮭、カズノコ、みがき鰊、昆布などその後長く受け継がれて今日でも名産品となっているものも多いが、北海道の名産品のはじめは、近世初期からのアイヌ民族の交易品であった産物が松前産物として本州各港に送られ、次第に松前・蝦夷地の特産物になっていく様子がうかがえる。

また、近世の松前地に居住する領民の生活にとってもこのような海産物は重要な食料であり、とくに鮭、鰊、昆布は日常的に食べられていたことが文書に残されている。

天明年間の『東遊記』によると、鮭については「武家、町家にて鮭の盛んなるとき、是を買て鮭塩引、楚割、荒巻などに作りて、常用となす」とある。鰊については、田畑の肥料として送られるものが多いが「子は数の子と称して国々に残らず行渡り」干鰊の「背の方を身欠きと唱え、下賤のものの食物となす」とあり、鰊は鮭に比べると格の低い食べ物であったようである。さらに

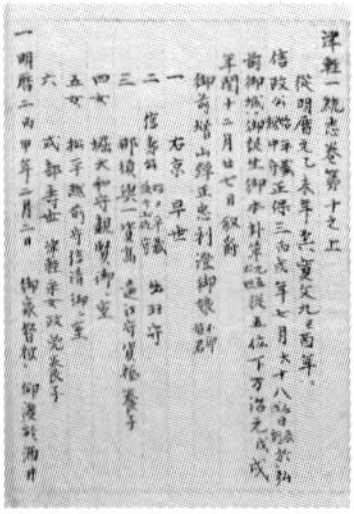
津軽一統志巻第十之上

『津軽一統志』

昆布については「此地にては何事にも昆布の煮出しを用ひて塩梅を調う」とあり、ほとんどの料理の調味に使われていた。

このような食材を用いて三平汁、飯鮨、鰊漬、氷頭なます、鮭の天麩羅、昆布巻きなどの料理が作られ、今日の北海道の郷土料理として受け継がれている。

2 近世の蝦夷・松前産物

これらの産物は近世中期以降、和人による漁場の拡充や経営によって生産量を増大させるとともに、松前、日本海沿岸諸港、大坂（大阪）を結ぶ北前船航路の発達によって大坂など日本各地の港に運ばれるが、とくに鰊、昆布、鮭は蝦夷三品と呼ばれ松前の名産品となっている。

時代は少し下るが、天保年間（１８３０～１８４３年）に発行された諸国名物番附をみると、東方の関脇に「奥州　松前昆布」、前頭に「松前　かずのこ」が入っている。この番附に横綱はなく、大関が最高位となっていることからみれば、関脇の松前昆布は当時の蝦夷地を代表する名産品であったといえる。

なお、この番附には別格として行司、勧進元などもあるが、差添役に「松前海膃臍」があげられている。海膃臍（オットセイ）は北海道に棲息する海獣で、天明年間の『東遊記』に「海膃臍はタケリの事也と云へり、薬用になりて価ひ貴き事世に知る所也。肉は塩に漬て食用とす」とあり、また、明治13（１８８０）年の『日本地誌略物産辨』の後志国物産、胆振国物産の項などに記述がみられるように、古くからの蝦夷産物の一つで毛皮は品質がよく高価なものであり、肉は食用、肝は強壮剤など漢方の薬品として高値で取引された品である。

このように松前藩の産物は主として海産物であり、北前船で運ばれた海産物は江戸、大坂をはじめ各地の料理の食材として欠かせないものとなっている。特に、新巻鮭、カズノコ、みがき鰊を入れた昆布巻きなどは正月料理や婚礼などの祝事の料理として定着し、松前産物が近世の日本の行事食の成立に大きな役割を果たしている。

また、アイヌの交易産物であるアッシ織、木彫品、熊の胆、海膃臍、山丹錦(蝦夷錦)なども珍しい産物として諸大名はもとより江戸、京などの文人や大商人など一部の人に人気があったが、高価なもので数量も少なかったことから一般的な名物とはならなかった。

なお、海産物以外でこの時代の系譜をひく北海道の名産品として五勝手屋羊羹(明治3年から店舗販売)と焼昆布などの昆布菓子がある。

3　明治初期の北海道の産物

明治2(1869)年に新政府のもとで開拓使が設置され北海道の開拓事業がはじまる。当時の北海道は旧松前藩領であった道南地方や、鰊漁場など漁業で開けていた東西沿岸の一部の漁村を除くと、内陸部はほとんど自然のままの姿であった。

この新しい土地に日本各地から移民を移し、農業を定着させるとともに諸産業を興すのが北海道開拓の主眼であった。開拓使は北海道開拓の事業を、日本の従来の農業や生産技術に頼らず欧米文化の導入によって進める方針をかため、ホーレス・ケプロンなど外国人教師の指導によって開拓に着手する。

開拓計画は、まず開拓の前提となる地域の調査、測量、区画設定、交通、通信の

開拓使のお雇い外国人たち

整備、道路建設、港湾建設、教育など基礎事業を達成し、その成果の上に北海道の独自性をもつ諸産業を振興させることであった。また、これに合わせて洋風住宅、ストーブ暖房、防寒の洋服、洋食など欧米の生活文化を導入し、移住者の生活を改善する計画でもあった。

だが、基礎事業の計画は開拓使の財政の逼迫などの事情から変更となり、「利用厚生ノ道」と称して基礎整備が十分でないまま、欧米の技術や機械を導入した農業、林業、水産業、鉱工業を中心とした産業振興事業に取り組むことになる。

開拓の基礎となる農業は、寒冷地である北海道では従来の稲作農業による営農は不利であるとの理由から、欧米の畑作物の苗、種子、西洋農具類、家畜類を導入した畑作、牧畜の欧米型農法の定着を目標に事業に着手する。

また、鉱工業の振興についても欧米の技術を採用した炭鉱や鉱山の開発を行い、北海道の農産物を生かすためビール、製糖などの官営の工場の建設をすすめ、さらに水産業についても漁業の近代化を図り、缶詰や燻製など新しい水産加工品の製造、鮭鱒の養殖事業などに取り組んでいる。

このような開拓事業は、すべて開拓使の直轄の事業として行われたが、結果的には失敗で、明治15（1882）年に開拓使が廃止され試みのままで終っている。その原因は、開拓使の財政不足から基礎事業を確立しないまま開拓計画の実施を急いだこと、新しい技術の修得に時間がかかり技術者や資材が不足していたこと、さらに移住者の多くが経済的に貧しい者たちで、日本の古い民俗の中で育った東北、北陸の出身者が多く、従来の生活に固執し新しい生活になじめなかったことなどがあげられる。

開拓使麦酒醸造所　明治 14 年　サッポロビール沿革誌より

したがって開拓使時代には農業開拓をはじめ殖産事業にも大きな進展はなく、名産品といわれるものも近世からの水産加工品のほかは札幌ビール、鹿の缶詰など僅かなものであった。だが、北海道の産業の基盤の一つが築かれたということでみると、極めて重要な時代であった。

開拓使が奨励した事業の多くは、その後の北海道の産物、名産として生かされることになる。例えば今日の北海道の名産品のなかのリンゴ、サクランボ、イチゴなどの果実やキャベツ、メロン、トマト、カボチャなどの野菜類はこの時代から栽培がはじまる作物であり、札幌ビール、甜菜糖、鮭缶詰、鮭の燻製のほか後に名産となるバター、チーズ、煉乳、ハム、ソーセージなどの酪農製品も開拓使時代にはじめて試作製造されたという起源をもつ産物である。

4　明治中期の産物

明治15（1882）年に開拓使は廃止され、三県一局の時代を経て同19年に北海道庁が設置される。道庁はそれまで国家資本を投入し官主導で進めてきた開拓事業を改め、民間資本と労働力の導入による開拓に切り替える。直接保護政策から間接保護政策への転換である。

道庁による開拓事業の方針は、岩村長官の施政方針演説にその主旨が述べられているが、とくに農工業の奨励に関しては「自今移住ハ、貧民ヲ植エズシテ富民ヲ植エン。是ヲ極言スレバ、人民ノ移住ヲ求メズシテ、資本ノ移住ヲ是レ求メント欲ス」と、本州からの資本の導入を主眼とした計画であった。

したがって開拓移民に対しても直接の移

北海道庁　明治22年頃

住保護を打ち切り、多くの移民を受け入れるための殖民地の選定や交通・通信網の拡大など基盤整備に重点をおき、また未開地の払い下げ制度を企業家など資金をもつ者に有利に改めている。また、開拓使の時代と違い、移住者の営農に関しても自由としたため、石狩、空知地方を中心に稲作農業が発達する素地が生まれている。

これによって明治20年代以降、北海道の農業開拓は大きく進み、明治19年には3万町歩に過ぎなかった耕地面積が明治29年には10万町歩を超え、明治末には60万町歩に達することになる。

ここで、明治29年の産業別生産額をみると、漁業生産額が約1250万円で第1位、畜産を含めた農業が約493万円で第2位、工産物が約274万円で第3位となっている。道庁時代に入り農業が急激に発達してきたとはいえ、まだ北海道の産物は、鰊、鮭、昆布を中心とした海産物や水産加工品の占める割合が大きく、農産物、工産物といえば澱粉、豆類などと開拓使時代の官営工場の払い下げをうけ操業が続けられてきたサッポロビール、帝国製麻の麻製品などが主な産物であった。

当時、開催された物産共進会の出品目録や全国の物産を紹介した『帝国物産地誌』(井原儀編、春陽堂、明治34年)をみても、大豆、小豆などの豆類、小麦、燕麦などの麦類、馬鈴薯、林檎などの農産物のほかは水産加工品が多く、まだこの時代には塩引鮭、みがき鰊、カズノコ、干鱈といった近世から受け継がれてきた水産加工品と缶詰、札幌ビール、甜菜糖、麻製品などの工場製品の外には、全国的に名の知られるような北海道の特産品、名産品は生まれていない状態にあった。

ただ、開拓の進展や都市の発達にともな

帝国製麻株式会社札幌製品工場　明治末頃

い、道民生活に洋風のものが好まれる傾向が生まれ、パン、札幌ジャム、カステラ、ビスケットなど西洋菓子などを製造・販売する店も現れて、新しい時代への息吹が感じられる。

5　明治後期から大正、昭和初期にかけての産物

北海道の産業発達史の年表をみると「明治33（１９００）年農業生産額、水産業を抜いて首位となる、明治39（１９０６）年水産業生産額、工業に追い越され3位となる、さらに大正９（１９２０）年工業生産額、農業生産額を抜き第1位」とある。

これは明治33年から大正９年の20年間に、稲作農業の北進を中心とした農業の発達と、工業生産の飛躍的な発達があり、北海道の産業構造が大きく変化したことを示している。とくに、名産品の成立と大きな関連をもつ工業が大きく発達するのは、日露戦争以降で、日本における重工業の発達とも大きく関連するものであった。

ここで道庁設置の明治19年から日露戦争後の明治38年にかけての工業の発達を数字でみると、明治19年には工場数11、従業員１０１人、生産額56万円であったのが、同29年には、工場数86、従業員４９３３人、生産額２７４万３０００円となり、同38年には工場数２２５、従業員６３１４人、生産額９８２万２０００円とある。この約20年の間に工場数で約20倍、従業員数で約60倍、生産額で17倍以上となり、この時代に北海道工業の基盤が築かれたことを物語っている。

さらに日露戦争後になると、北海道の工業化がさらに大きく進み、北炭による製鉄・製鋼事業への進出や、明治39年の富士

富士製紙　明治末頃

製紙、明治40年の王子製紙、日本製鋼所、明治42年の北炭輪西製鉄所など、本州の大資本が北海道の豊かな資源の利用を目的に、次々と近代的な大工場を建設しているが、その後も第二次的な製品部門が建設されなかった。

これに対して地場資本はあまり大きなものではなく食品加工など中小企業に集中し、重化学工業と軽工業のいわゆる二重構造の工業形態が生まれている。だが、農業の発達、漁業の近代化によって食品加工の製造は大きく伸びている。なお、このような工業の発展には動力源として電気が欠かせないものであるが、北海道の電気事業は明治末期頃には都市を中心に10社、大正8年頃には69社となっている。

また、明治43(1910)年に第一期拓殖十五カ年計画が発足し、「本道産業ノ発展ヲ期スルハ当サニ刻下ノ急務トス」と、さらなる産業の発展が望まれたが、大正3(1914)年に第一次世界大戦が勃発し、日本経済は未曾有の好景気をしめすことになる。大戦によってロンドン市場の農産物が高騰し、北海道から大豆、小豆などの豆類、澱粉、ハッカなどの産物が輸出され、いわゆる豆成金、澱粉成金が続出するなど好景気を示すとともに工業生産を大きく押し上げている。

この頃の北海道工業の急激な発展を生産額からみると、戦前の大正3年には2800万円であったが、第一次世界大戦後の大正8年には1億6400万円と約6倍となり、翌9年には工業生産額が農業生産額を抜き第1位となっている。

なお、この頃の名産品をみると、明治後期頃から製造がはじまり北海道を代表する名産品となったものに、旭豆、林檎羊羹、うに煎餅などがある。

王子製紙株式会社苫小牧第一発電所外景　明治末頃

旭豆については本文の解説でも述べたように、明治35年に富山から旭川に移住した片山久平が菓子職人の浅岡庄次郎と、故郷の豆菓をヒントに道産の大豆と甜菜糖を使って製造を始めた菓子である。この豆菓子が販売まもなく人気を博し北海道の名産品となるが、その背景には旧陸軍の第七師団の存在があったといわれている。

旭川に第七師団が設置されると、町は軍人や軍関係者で賑わい、兵士たちの入営、除隊、休暇、家族との面会と、全国から多くの人が旭川を訪れるようになる。このような人たちが欲しがったのが旭川みやげであり、旭豆がみやげとして飛ぶように売れた理由といわれている。よってこの後、旭豆と類似する商品もかなり多く作られている。

また、うに煎餅は室蘭の名物である。うには明治中期頃から室蘭の名産品として知られるようになり、うに塩辛、焼うに、うに佃煮などが作られてきたが、明治44（1911）年の『東宮殿下北海道行啓画報』の広告に渡辺水産製造所と岩本罐詰製造所の商品として「うにせんべい」があり、このころには室蘭の名物として有名になっていたと考えられる。

6　北海道名産品の成立の時代

日露戦争以降の北海道の工業および農業の急激な発展を背景に、大正から昭和初期にかけて、バター、チーズ、ハムなどの酪農製品やアスパラガス缶詰、イチゴジャムなどの農産加工品など、その後に長く受け継がれる北海道の新しい特産品が生まれている。

また、古くからの水産加工品も製造技術や保存技術の発達で、みやげ品、贈答品を

開道50年記念北海道博覧会　正門

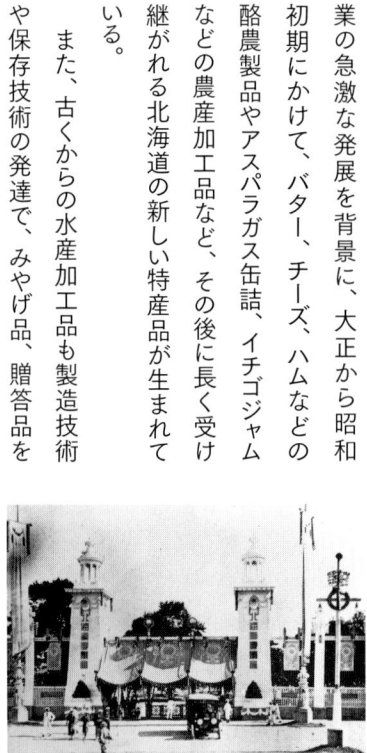

含め店頭販売の商品として製造されるようになったものも多く、まさにこの時代が北海道の名産品を確立させた時代であるといえる。

また、開道50年を迎えた大正中期以降になると、新聞、雑誌などに北海道の特産品や名物を紹介する記事が多くみられるようになる。

例えば開道五十年記念北海道博覧会が開催された大正7（1918）年に刊行された資料－1『北海道百番附』（矢谷重芳発行）の食物番附には、函館の塩辛、するめ、余市のリンゴ、小樽の筋子粕漬、カズノコ、札幌の札幌ビール、古谷の飴、札幌ミルク、旭川の旭豆、釧路の鮭燻製、厚岸の牡蠣、利尻の折昆布など地域ごとの名産が載せられている。

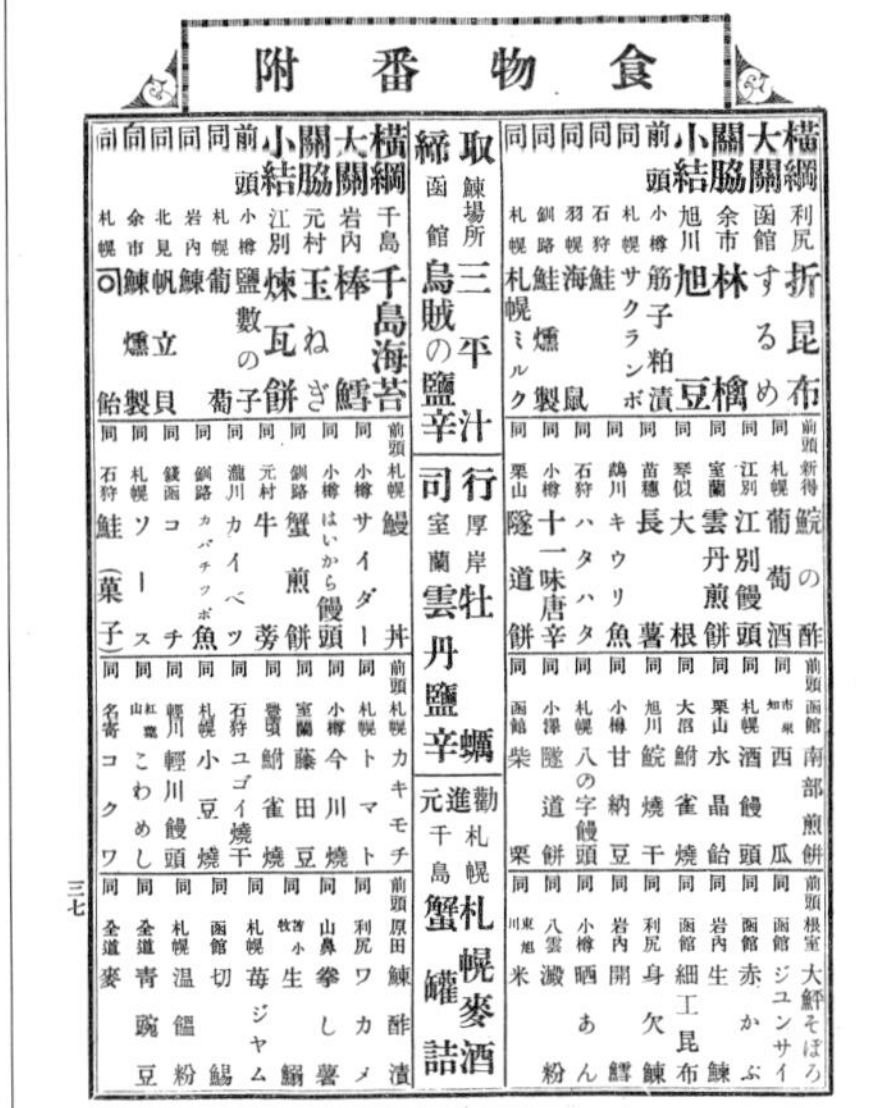
食物番附

横綱 利尻 折昆布
大關 函館 するめ
關脇 余市 林檎
小結 旭川 旭豆
前頭 小樽 筋子粕漬
同 札幌 サクランボ
同 石狩 鮭
同 羽幌 海鼠
同 釧路 鮭燻製
同 札幌 札幌ミルク

前頭 新得 鯇の酢
同 札幌 葡萄酒
同 江別 江別饅頭
同 室蘭 雲丹煎餅
同 琴似 大根
同 苗穂 長薯
同 鵡川 キウリ魚
同 石狩 ハタハタ
同 小樽 十一味唐辛
同 栗山 隧道餅

前頭 函館 南部煎餅
同 市来知 西瓜
同 札幌 酒饅頭
同 栗山 水晶飴
同 大沼 鮒雀焼
同 旭川 鯇焼干
同 小樽 甘納豆
同 札幌 八の字饅頭
同 小澤 隧道餅
同 函館 柴栗

前頭 根室 大鮃そぼろ
同 函館 ジユンサイ
同 函館 赤かぶ
同 岩内 生鰊
同 函館 細工昆布
同 利尻 身欠鰊
同 岩内 開鱈
同 小樽 晒あん
同 八雲 澱粉
同 東旭川 米

行司 厚岸 牡蠣
室蘭 雲丹鹽辛
取締 鰊場所 三平汁
函館 烏賊の鹽辛
勧進元 札幌 札幌麥酒
千島 蟹罐詰

横綱 千島 千島海苔
大關 岩内 棒鱈
關脇 元村 玉ねぎ
小結 江別 煉瓦餅
前頭 小樽 鹽數の子
同 札幌 葡萄
同 岩内 鰊
同 北見 帆立貝
同 余市 鰊燻製
同 札幌 [illegible]飴

前頭 札幌 鰻丼
同 小樽 サイダー
同 小樽 はいから饅頭
同 釧路 蟹煎餅
同 元村 牛蒡
同 瀧川 カイベツ
同 釧路 カパチツポ魚
同 [illegible] コチ
同 札幌 ソース
同 石狩 鮭（菓子）

前頭 札幌 カキモチ
同 札幌 トマト
同 小樽 今川焼
同 室蘭 藤田豆
同 [illegible] 鮒雀焼
同 石狩 ユゴイ焼干
同 札幌 小豆焼
同 輕川 輕川饅頭
同 紅葉山 こわめし
同 名寄 コクワ

前頭 原田 鰊酢漬
同 利尻 ワカメ
同 山鼻 拳し薯
同 苫小牧 生鯿
同 札幌 苺ジヤム
同 函館 切鰑
同 札幌 温飩粉
同 全道 青豌豆
同 全道 麥

三七

資料1
『北海道百番附』

人々で賑わう　開道50年記念北海道博覧会

白熱的競爭を演じた
北海道 樺太 名産投票結果
監査委員會終了す

我社の名産品投票は各地名産愛に燃ゆる人々の必死の運動に到る處白熱的競爭を演じ或は全町擧げて狂奔し或は知己を糾合して一票を爭ふ熱狂振りを見せ全く總選擧以上の騷ぎの裡に無事八月十日締切りとなり漸く五旬に亘る大激戰の幕を閉じた我社に於《お》ては一日《にち》も早《はや》くこれが結果《けつくわ》を發表《はつぺう》すべく多數《たすう》の係員《かゝりゐん》を督勵《とくれい》し晝夜兼行《ちうやけんかう》にて總數投票整理を行つたが樺太《からふと》、離島《りたう》其他遠隔土地よりの投票延着を見越し八日間の餘日を之に備へ此間當該郵便局に照電を發し遞送の實際を調査し投票の完全を期した越えて十九日監査委員會を開會し委員北海道廳產業部長內藤晴三郎氏札幌商業會議所會頭久保兵太郎氏札幌警察署長井上金之助氏並に本社理事柏岡清勝氏立會の上無事全投票の監査を經て本日を以て別項の如く各種目毎に最高順位當選並に入選の結果を發表する事となつた各種名產中豫想を裏切《うらぎ》られたのは洋酒燒酎《やうしゆせうちう》の投票《とうへう》が極《きは》めて僅少《きんせう》であつて日々《ひゞ》の發表《はつぺう》數にすら上《のぼ》り得なかつたのは甚《はなは》だ遺憾《ゐかん》であつた最も激烈な競爭を見せた和酒畜產加工品菓子類は豫想以上の票數に上つた事は如何に此の競爭が白熱狀態であつたかを知る事が出來る終りに此の擧に對し各方面より多大の御援助を蒙りました御好意を謝します

六八、三八六
北海道バター雪印（札幌）

三、二三二 永農バター（永山）
三、八三三 極東バター（札幌）
二、一二二 前田バター（輕川）
一、八四四 鈴蘭バター（幕別）
九九 森永ドライミルク（奈井江）

總投票數
二、四八五、四三四票
内譯
有効 二、四八三、八五五票
無効 一、五七九票
（各種五十票以下略）

和酒

二九〇、五六七
泉（幌内炭山）

水產加工品

九七、二八六

五、三三八 ダイマル醬油（旭川）
六六九 角泉醬油（岩内）
七一 玉星（札幌）

味噌

四六、六七八
丸竹天然味噌（札幌）

四一、七一三
川越味噌（札幌）

二〇、〇〇六
龜甲仁（鵡川）

六、〇一七 曲イ味噌（札幌）
一、二〇三 山カ桐味噌（札幌）

菓子

一八一、六二八
旭豆（札幌）

九六、六二九
フルヤのキヤラメル（札幌）

八五、二九一
昆布豆（札幌）

四九、六〇三
日本一

資料2　『北海道樺太名産投票結果』（昭和2年8月20日　北海タイムス）

一五、一二四 北の錦（栗山）
三八、九一六 百寶（札幌）
三六、五三二 艶自慢（早來）
一七、三〇四 北の譽（札幌）
一三、七七四 寶瓢（岩見澤）

八、三六〇 北粋（札幌）
五、〇八三 富士政宗（瀧川）
四、〇〇〇 蝦夷自慢（札幌）
三、四三五 瀧の譽（瀧川）
一、六九三 晴盃（札幌）
一、四九六 香蘭（室蘭）
五三二 國の井（美深）
五二一 占領（眞岡）
四四七 譽不二（旭川）
三四一 福司（釧路）
一五一 五稜正宗（函館）

畜産加工品

二二一、七〇八 金星ミルク（札幌）
二〇七、九九四 サツポロミルク（札幌）
九九、二二四 森永ミルク（奈井江）

利尻昆布（利尻）
三七、八四六 助宗子紅葉漬（岩内）
三五、四九八 鮒すゞめ焼（苫小牧千歳）
二八、九四八 鰮數の子罐詰（余市）
二七、六四一 白糠昆布（白糠）
一七、四五二 鮭筍日の出煮（札幌）
一〇、八一一 やまべ壽司（上興部）

七、九二〇 日高土産S練うに（日高靜内）
七、八一一 かにせんべい（釧路）
三、一五四 丸甲鮭筍罐詰（札幌）
一、七九八 貝柱（下湧別）
一、七九四 燻製鰊（岩内）
一、五五 やまべ壽司（新得）

醤油

三三九、一九四 トモヱ醤油（札幌）
二二一、一一九 イ印醤油（小樽）
一四、三八九 丸カ合名 マルカ醤油（札幌）

きびだんご（栗山）
一七、一六五 北譽豆（札幌）
一五、二九〇 北都豆（札幌）

八、四一八 三ッ矢豆（札幌）
六、八九〇 蜂蜜羊羹（釧路）
三、二一〇 桃太郎だんご（樺太小能登呂）
三、二〇八 旭都豆（旭川）
三、一六八 文化だんご（札幌）
二、八〇四 狸おこし（札幌）
二、四一〇 八千代豆（瀧川）
二、二五三 ハスコツプ羊羹（沼ノ端）
一、五一八 旭雪（旭川）
一、三九六 米津羊羹（眞岡）
一、三〇八 千代の梅羊羹（札幌）
八五一 湯の香飴（登別温泉）
六〇七 若狹屋のやきいも（壽都）
四九二 磯羊羹（岩内）
四五八 北海羊羹（江別）
二一三 丸桝大學パン（上川村）
六一 白糠まんぢう（白糠）

清涼飲料

五八、五〇七 フレッシュ（札幌）
二八、〇八八 金鶴サイダー（札幌）
一五、九九六 オリヂナル（函館）
六一九 レモンサイダー（札幌）
六一 極東サイダー（札幌）

また、昭和2（1927）年には北海タイムス社（現、北海道新聞社）が、北海道および当時日本の領土であった樺太（現、南サハリン）を対象とした読者の投票による『北海道・樺太名産投票』を行っている。投票項目は和酒、畜産加工、水産加工、醤油、味噌、菓子、清涼飲料、洋酒であり、投票結果は資料－2のようなものである。

水産加工品については古くからの名産品であった利尻昆布などはともかく、岩内の助宗子紅葉漬や鰊燻製、札幌の鮭筍缶詰、上興部と新得のやまべ寿司など新しい時代の加工品が多くを占めている。上興部と新得のやまべ寿司は駅弁である。

また、鮭筍缶詰は例えば大正14（1925)年の『札幌市特産品案内』には「鮭筍の罐詰は本道名産鮭と之れに筍を添へ味付けして罐詰」とある。筍は道産の根曲竹の筍が使われていたようで、今日の鮭筍とは少し違うものであったと考えられる。

さらに、農産物の漬物類も各地で製造されたが、なかでも函館の赤蕪千枚漬や札幌漬が名産品となっていた。なお、札幌漬は大正14年の『札幌市特産品案内』には「本市附近に産する大根、白瓜、蕪菁、茄子其他の蔬菜を材料とし醤油に浸漬して罐詰に為したるもの」と記述されており、福神漬のようなものであった。

7　昭和初期の観光ブームと北海道みやげ

このように大正から昭和初期にかけて北海道の特産品、名産品の基盤が確立し、本州方面や外国に輸出されるばかりでなく道内でも多く消費されるが、もう一方で旅行者の土産品として新しく商品化され名産品となったものも多い。

大正5（1916）年に北海道鉄道

札幌市特産品案内　大正14年

1000マイル記念祝賀会が札幌で開催され、この時代から昭和初期にかけて鉄道輸送網が大きく発達するとともに、船舶航路、バス輸送などが次第に整備され、北海道でも観光を目的とした旅行がさかんとなる。このようなか昭和6（1931）年には日本交通公社が札幌の丸井今井百貨店内に案内所を開設し、昭和9年には外国人も宿泊できる本格的なホテルとして札幌グランドホテルが落成、さらに昭和11年には札幌市観光協会が設立され、札幌駅構内に観光案内所が設けられるなど観光事業が大きく発展している。

道内では、それまで函館、大沼、登別、定山渓など南北海道の一部に限られていた観光旅行や行楽も、昭和9（1934）年に阿寒および大雪山が国立公園に指定されると、本州方面からの観光客を含め多くの人たちが道北・道東地方にまで訪れるようになる。

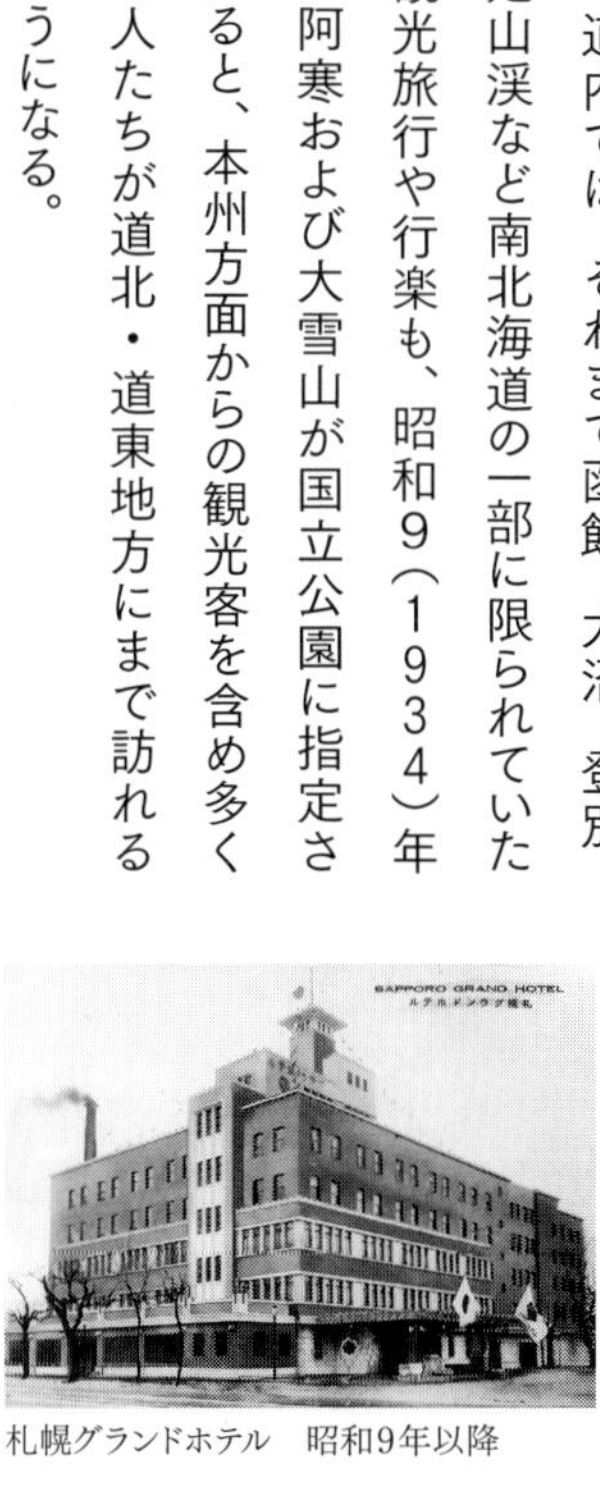

札幌グランドホテル　昭和9年以降

▼北海道のみやげ物

燻製魚（鮭・鰊）、罐詰（蟹・鮭・札幌ミルク・アスパラガス等）、昆布茶、花折昆布、數の子、鯳《すけそ》加工品、帆立貝柱、鰊昆布巻、わさび漬、松前の華、磯の富、蟹そぼろ、燒うに、うに塩辛、北海オートミール、甜菜糖、バター（大學・興農園・トラピスト）、ハム、ジャム、トマトソース、トマトケチャップ、リンゴ、櫻桃（但し櫻桃は一般に變質し易く、長途携帯には適しない）、旭豆、昆布豆、富利豆、キャンデー、十勝石製品（パイプ・印材・置物等）、瑪璃細工、ステッキ（大蕗製・水松《おんこ》製等）、アイヌ細工。

資料3
『北海道遊覧案内』昭和6年版

また、温泉の発見、長輪線の開通によって洞爺湖および洞爺湖温泉が札幌に近い新しい観光地、保養地として人気を集め、さらにスキーの普及でニセコ連峰、羊蹄山、手稲山、十勝岳などが大きくクローズアップされるのもこの時代である。

このような情勢にあわせ、道内各地でも旅館など宿泊施設や観光案内の整備がすすめられるが、同時に旅行者のための北海道みやげや駅弁が多く作られるようになる。

例えば資料－3は、昭和6（1931）年に札幌鉄道局が発行した『北海道遊覧案内』にのせられている「北海道のみやげ物」である。また、昭和12年頃、函館市の丸井今井百貨店が出したチラシ『函館のご案内』にもみやげ物の紹介がある。この頃になると、バター、チーズ、ハム、ソーセージなどの酪農製品やアスパラガス缶詰、トマトケチャップ、札幌漬などの農産品缶詰が産物としても普及した様子がうかがえ、基本的には水産物、農産物、細工物（民芸品、工芸品）とも今日のみやげ品とさほど違わないものとなっている。

だが、海産物では従来からの製品がほとんどで、製法に関してもその多くが保存の関係から乾燥物、塩蔵物、焼物であり、塩辛類は塩分を多くした缶詰、鮭、鱈、筋子などの生魚類は粕漬とし、販売も季節限定とするなどの工夫があった。

また、細工物（民芸品、工芸品）で人気があったのはアイヌ民族の民芸品であった。北海道といえば、雄大な自然、アイヌ民族というのが人々のイメージで、古くから北海道旅行をする人の多くは北海道みやげにアイヌの民芸品を欲しがっている。このため函館や札幌には明治時代からみやげとしてアイヌ民具を販売する店があり、繁盛し

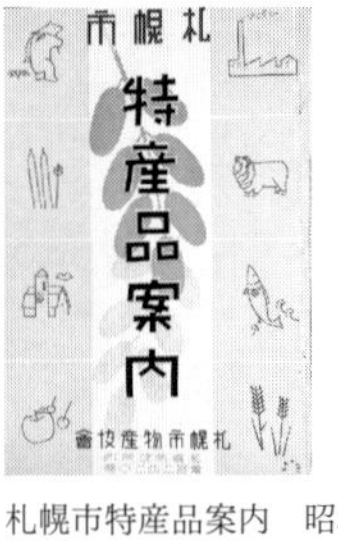

札幌市特産品案内　昭和14年

ていた様子が『商工要覧』などから知ることができる。

大正から昭和にかけて北海道観光がさかんとなると、アイヌ民芸品はさらに人気が高まり『札幌市特産品案内』など当時の案内書に「アイヌ細工、盆、茶托、煙草入、箸、箸箱、ステッキ、其他家庭用小道具ヲ（略）アイヌ族ガ獨特ノ妙技ヲ加へ、本道代表的土産品トシテ一般ヨリ好賞セラル。」とある。

なお、この時代から戦後にかけて北海道を代表するみやげとなった木彫熊は、本文でも述べたように、大正時代にはじまる八雲町徳川農場の農民工芸による木彫熊と、昭和初期からの松井梅太郎を中心とした旭川近文のアイヌの人たちによる木彫熊の製作がある。とくに旭川系は、旧第七師団の兵士、家族のみやげ物としての需要が多く、また昭和9年に国立公園に指定された大雪山や阿寒の観光客の人気が高く、製作がさかんとなる。

さらに木彫熊を含めたアイヌ民芸品の製造販売は各地の温泉や観光地に広がり、今日まで受け継がれている。

8　太平洋戦争後の名産品

大正時代から昭和初期にかけて基盤が確立され、さらに発展の途にあった北海道の名産品製造は、昭和16（1941）年にはじまる太平洋戦争によって急激に縮少される。

ぜいたくは敵だのスローガンのもと軍需物資が優先され、石炭、鉄鋼、電力などはもとより農産物、海産物にいたるまで物資統制が加えられている。なかには軍指定の軍需工場に転換した会社もあるが、食品加工業や生活商品製造会社は原料不足から製造を休止した会社が多く、大正時代から順調に発展してきた名産品製造は中断されることになる。

戦後の日本は、戦争による荒廃と物資不足からのインフレ、敗戦による南樺太（サハリン）および千島（クリル諸島）、台湾、満州などの支配権の喪失、占領軍ＧＨＱの指示による急激な民主化の実施などから大きな混乱に見舞われる。

このようななか、北海道は昭和20年11月に閣議決定された緊急開拓事業実施要領などにも示されているように、日本領土に残された最後の大地として、土地の開拓と移住者の受け入れ、全国の食糧不足を補う食糧の増産と、戦後の日本の再建のホープとして大きな期待がかけられた。

終戦から昭和24年頃までは戦後の混乱が続き、インフレにより経済も不安定で工業生産も大きく進展しないままであったが、昭和25年6月にはじまる朝鮮動乱は、日本経済に特需景気をもたらした。北海道では同年に北海道開発法が制定され北海道開発庁、北海道開発局が発足し、さらに昭和26年から各種の経済統制が解除されたことで、その後の経済復興のあゆみを加速させることになる。

昭和31（１９５６）年の経済白書に「もはや戦後ではない」と誇らしげに明記された日本経済の復興に合わせるように、北海道の産業・経済も復興している。

例えば昭和30年の『北海道商工要覧』から当時の特産品や名産品の項目をみると資料－４のようなものである。これをみると生産・製造品目は昭和10年頃とあまり大きな違いはなく、北海道産業の戦後の復興が、言葉どおりに戦前の水準に回復することが大きな目的であったことを物語っている。

昭和30年度版『北海道商工要覧』北海道特産品一覧より

農産品
雑穀、馬鈴薯、澱粉、燕麦、干そば、原そば、菜種、玉葱、牧草、
ブドウ糖、大豆粕、薄荷、晒餡、菓子類（別記）等

水産品
魚粉、昆布、スルメ、魚粕、水産罐詰、いか加工品、燻製魚、
帆立貝柱、雲丹、干鱈、きんこ、肝油、数の子、ぎんなん草等

林産品
経木製品、吋材、床板、木管、木彫工芸品等

工鉱品
ペントナイト、原石、滑石、皮革製品、黒曜石製品、硫黄、
乳製品等

（北海道物産斡旋所大阪事務所　取引斡旋主要品目）

（別記）

■菓子製造（本文中に記述されているもの）
古谷製菓㈱　札幌
　ミルクキャラメル、ウインターキャラメル、
　ビスケット、ドロップス、ロンドキビダンゴ
千秋庵製菓㈱　札幌
　山親爺、原始林、バター飴
㈱三八　札幌
　雪太郎、時計台、えぞもち
協和製菓㈱　札幌
　協和のバター飴
坂栄養食品㈱　札幌
　ビスケット
森永製菓㈱札幌工場
　ミルクキャラメル、ベルベット
㈱花月堂　小樽、札幌
　蝦夷の香
池田製菓㈱　小樽
　キャラメル、ドロップス
生田製菓工場　小樽
　きびだんご
岡本製菓㈱　旭川
　キャラメル、黄金飴、飴菓子
片山産業㈲　旭川
　旭豆、旭竹
谷田製菓㈱　栗山
　きびだんご、大甞飴、もちあめ
帝国製菓㈱　函館
　キャラメル、ビスケット
国産製菓㈱　函館
　キャラメル、きびんだんご、
　カステーラ、栗羊羹
北海精糧㈱
　ハッカ豆

■乳製品製造
道内工場
雪印乳業㈱、北海道バター㈱、明治製菓㈱、
森永製菓㈱、単位協同組合
工場数　バター工場28、チーズ工場6、
煉乳工場14、粉乳工場13、カゼイン工場36
〈生産実績〉
バター
昭和23年　２、６０４、１０５封度
昭和29年　８、８５８、９７７封度
チーズ
昭和23年　　４６１、０１７封度
昭和29年　１、３６４、８８４封度
〈製造品〉
北海道バター㈱　札幌
　クロバー印バター、チーズ、マーガリン、
スキムミルク、エバミルク
雪印乳業㈱　札幌
　雪印バター、チーズ、バターキャラメル、
ヌガー、煉粉乳、マーガリン
明治乳業㈱北海道事務所　札幌
　明治バター、チーズ、煉粉乳
森永製菓㈱　記述なし

■畜産製造
雪印食品工業㈱　札幌
ハム、ソーセージ、ベーコン、農畜産罐詰、
アスパラガス、スイートコーン、
グリンピース、牛罐詰、
その他果実罐詰など

9　戦後の北海道観光と北海道みやげ

その後、昭和30年代はじめの神武景気、40年代初頭からのいざなぎ景気と高度経済成長の時代を迎え、北海道でも第二次産業が大きく伸びるとともに所得倍増、家庭電化と道民生活も向上するが、同時に農業、水産業の第一次産業が急激に低下している。

例えば戦後の北海道の産業構造を生産額の比率でみると、昭和25（1950）年には農林、水産業は全体の37％を占めているが、同41（1966）年には13％と著しく低下し、とくに農業の低下が大きかった。これに対し第二次産業（鉱工業）は、昭和25年の27％から同41年には31％と比率を高めている。

なお、第三次産業（商業、サービス業）などについていえば、昭和25年当時36％であったのが、41年には58％と急激に増大している。第二次および第三次産業の発達およびこれに携わる労働人口の増加には、農漁村から都市への人口の移動があり、農漁村の過疎化が進む一方、都市の人口が急激に増加し、サラリーマンなど都市生活者が増加したことを物語っている。

戦後の高度経済成長にともない昭和36（1961）年の流行語は「レジャー」であり、このような世相を背景に観光旅行が盛んとなり、とくに30年代に入ると北海道ブームが訪れている。

北海タイムス社発行の『北海道観光百景』によれば、36年の北海道観光旅行者（推計）は50万4000人となっている。旅行にみやげはつきものであり、戦前からのみやげ物に加えて新しい郷土銘菓、水産加工品、工芸品など多くの北海道みやげが

第2回さっぽろ物産まつり　昭和43年

資料5

昭和28年度版『北海道商工要覧』主なる土産品

水産物
燻製（鰊、鮭）、缶詰（かに、鮭筍）、煉うに、新巻、帆立貝柱、するめ、昆布、筋子、数の子、いかの塩辛、蒲鉾

農産物
林檎、西洋梨、ぶどう、桜桃、わさび、薄荷、壜缶詰（グリンピース、トマトケチャップ、スイートコーン、じゅんさい、アスパラガス、リンゴジャム）

酪農製品
バター、チーズ、ベーコン、ハム、ソーセージ、牛缶詰、粉乳、煉乳

醸造品
ビール、ウイスキー、アップルワイン、アップルジュース、清酒、焼酎

菓子
バター飴、水飴、旭豆、昆布豆、薄荷豆、小豆焼、甘納豆、キャラメル、帆立羊羹、乳菓、時計台、原始林、えぞもち、まりも羊羹、キビダンゴ、昆布菓子、黄金飴

工芸品
熊彫、アイヌ人形、アイヌ細工、白樺細工、木彫トレー、銘々皿、碧玉製品、十勝石製品、石狩陶器

その他
ホームスパン、毛皮、亜麻製品、すずらん香水、ラベンダー香料

資料6

○旅行者のための郷土みやげ北海道

『旅行者のための全国郷土みやげ』日本交通公社（昭和41年）より

【土産品・菓子類】

函　館　松前漬、トラピストバター飴
苫小牧　よいとまけ、シシャモ粕漬、シシャモ燻製
札　幌　バター飴、山親爺、木彫熊
旭　川　黄金飴、旭豆
稚　内　タロージロー煎餅
北　見　ハッカ豆、ハッカ糖
釧　路　シシャモ燻製、熊ざさ

つくられる。

戦後の北海道みやげについては、昭和28年度の『北海道商工要覧』に資料－5のようなみやげ商品があげられており、昭和41年に日本交通公社が発行した『旅行者のための全国郷土みやげ』にも資料－6のようなみやげ商品があげられている。

10　昭和から平成の北海道みやげ

その後、昭和50年代以降、衣食住を中心とする道民の生活様式の大きな変化、北海道観光の発展などによって、時代に合わせた新しい銘菓、名産、名物駅弁などがうまれるが、その経緯は本文で述べるようなものである。

昭和から平成へと元号が変わって間もなく、日本は大きな転換点を迎える。いわゆるバブル経済の崩壊である。昭和40年代から急速に進んできた経済成長。50年代後半に入ると、それは爛熟期といった様相さえみせていた。

これと並行するように、国鉄が打ち出した「ディスカバー・ジャパン」キャンペーンとともに、大旅行ブームの時代を迎える。海外旅行が身近になるなか、もう一度、日本のよさ、美しさを見直そうという呼びかけは多くの支持を集め、全国津々浦々、自分が知らない日本を求め、観光へと出かけるようになる。ただしそれは、昭和40年代後半に主流だったパックツアー、団体旅行という形態の延長線上にあり、行き先や視点が変化しただけのもの、とみることもできる。

一方、バブル経済崩壊の年とされる平成5（1993）年に発表されたＪＲ東海のキャンペーンコピーは、観光旅行のスタイルを大きく変える契機となったといえる。

「そうだ 京都、行こう。」。京都には、こんなに素晴らしいところ、おいしいものがあるというのが従来の観光誘致にみられた定番の惹句だが、そうした言葉で広く訴えるのではなく、誰かの想いをうたったようなこのフレーズは、個人旅行の時代を先取りしたものだった。

この頃以降、北海道も、定められた旅行企画にのるのではなく、個人で計画し、自由に各地を訪ねる旅行者が増え、現在に至っている。それにともなって、旅の記念であるおみやげも、定番といわれるものだけでなく、個々人の嗜好に合わせ、また、より地域性、オリジナリティを打ち出したものが好まれるようになっていった。

古くから知られ、今でも人気となっている商品を製造する菓子メーカーでも、次々と新たな商品を開発。企業数に比してアイテム数は格段に増えている。しかも、好みは別とすれば、いずれもすぐれた味覚を持つものが多く、おみやげ以前に北海道はお菓子王国とさえ呼ばれるようになっている。

近年は台湾、韓国、中国、タイなどアジア圏からの旅行者が驚くほどのペースで増えており、こうした外国人を意識した商品づくりも行われるなど、まさにおみやげ百花繚乱時代を迎えていると言える。

それと反比例して、かつてのような地域性が希薄になる傾向もありそうだが、無数の工夫された商品が団結して、北海道みやげ＝高品質というプラスのイメージをつくる。そんな意識が必要とされているのかもしれない。

平成のお菓子リスト

平成の時代を迎え、個人にそして自由に。
定番プラス、個々人の嗜好に合わせて
地域性、オリジナリティー溢れたすぐれた味覚を持つ商品が次々に生まれている。
北海道は、みやげ＆お菓子王国となった。ここにその品々を掲載。

■生チョコレート［オーレ］
株式会社ロイズコンフェクト（札幌市）

こだわりのミルクチョコレートと北海道の上質な生クリームを使用し、やさしい味に仕上げた。やわらかで、シルクのようになめらかな口どけの生チョコレート。

■ストロベリーチョコ
六花亭製菓株式会社（帯広市）

白と赤の鮮やかなコントラストが目を引くチョコレート菓子。完熟苺のみを使用したフリーズドライ苺の酸味と、ホワイトチョコレートの甘みが絶妙な組み合わせ。

■北海道開拓おかき

株式会社北菓楼(砂川市)

厳選された北海道産のもち米、塩を使用。素材にこだわり、米研ぎから、蒸し、餅つき、熟成、乾燥、油揚げ、味付けまで、約7日間かけて作られている。北の海の幸を贅沢に使ったおかき。

■とうきびチョコ

株式会社ホリ(砂川市)

サクサクとした歯ごたえ、ほのかに広がるやさしい甘さ。素材を生かすことにこだわり、黄金色に実ったとうきびを、厳選したホワイトチョコレートでコーティング。

■札幌カリーせんべい
カリカリまだある?
株式会社YOSHIMI（札幌市）

札幌スープカレーの名店シェフが作った、味と香りにこだわった新感覚のカリーせんべい。オリジナルのスパイシーな特製ガラムマサラが決めて。

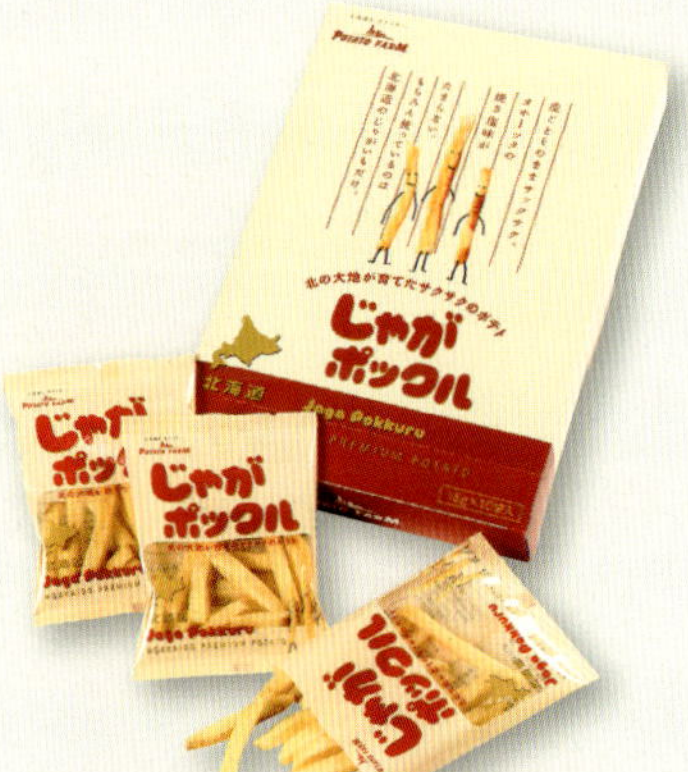

■じゃがポックル
カルビー株式会社
（北海道事業本部千歳工場）

厳選された北海道産じゃがいもを、うまみ成分を残すために皮つきのままカット。独自製法のサクサクッとした食感とオホーツクの焼き塩が、香ばしさとマイルドな風味を醸し出している。

■蔵生
株式会社ロバ菓子司（旭川市）

北海道産の小麦粉とビートグラニュー糖100%で作ったバター風味の生地で生チョコレートを包んで焼き上げた。なめらかな食感の新しいソフトクッキー。

■赤いサイロ
株式会社清月（北見市）

甘さを抑えたしっとりとした食感のチーズケーキ。北海道産の牛乳、バター、小麦粉、練乳、卵を使用し、コクのある濃厚な味わいを生みだした。北の大地を表現した北海道らしいネーミング。

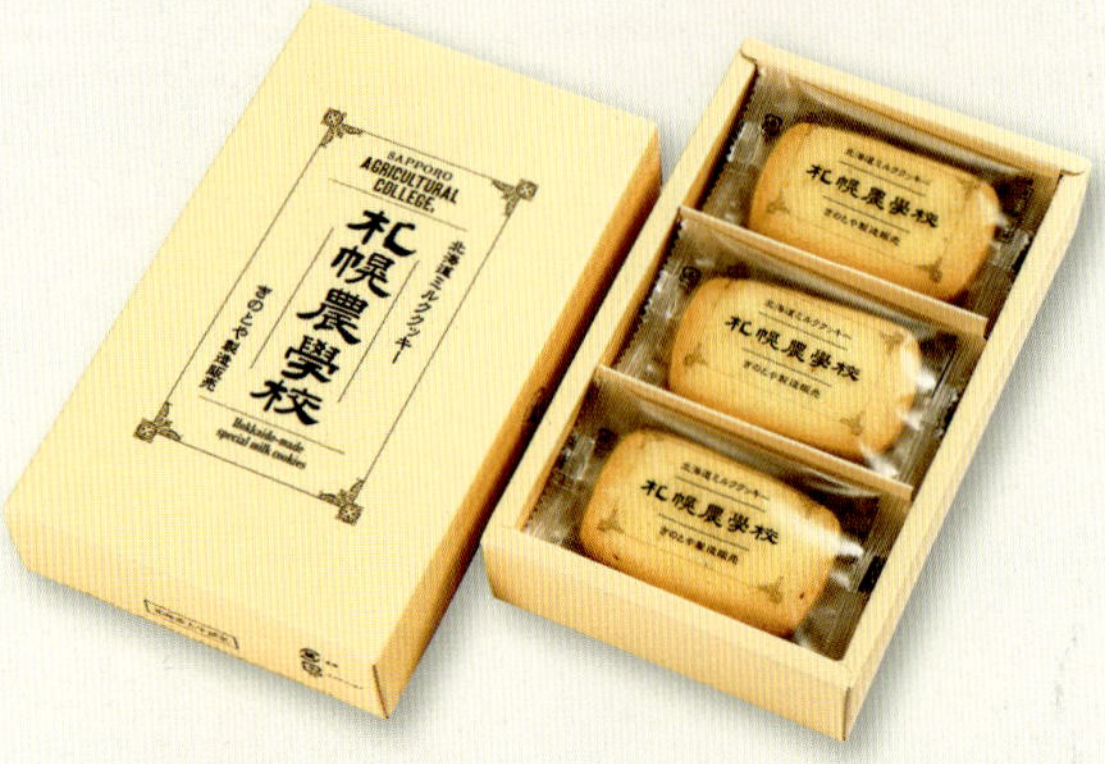

■北海道ミルククッキー **札幌農学校**

株式会社きのとや（札幌市）

北海道大学の前身の「札幌農学校」の名をつけた菓子。北海道産の小麦粉・バターと新鮮な牛乳で作られた、ミルクの味わいたっぷり、口どけ軽いミルククッキー。

■**十勝この実**

株式会社柳月（音更町）

ふんわり柔らかく、しっとりと焼き上げた絶妙の生地に、くるみ・松の実・かぼちゃの種をのせた、贅沢仕立ての特製バターフィナンシェ。

資料

参考文献一覧
写真所蔵先一覧

〈参考文献一覧〉

書名	著者名	発行所
『札幌市特産品案内』　大正14年		札幌商業会議所
『札幌市特産品案内』　昭和14年	杉田安太郎	札幌市物産協会
『こだわりのロングセラー』	岩川亜矢（画）、和田由美（文）	共同文化社
『北海道うまいものめぐり』	重森直樹	月刊北海道（株）マービス
『日本の名産事典』	遠藤元男・児玉幸多・宮本常一	東洋経済新報社
『日本の地域産業ー特産品編』	通産企画調査会編	通産企画調査会
『るるぶ1979（昭和54）年6月号』	日本交通公社編	日本交通公社
『全国特産品案内』	日本経済新聞社編	日本経済新聞社
『殖民公報第8号』	北海道庁殖民部拓殖課	北海道庁殖民部拓殖課
『殖民公報第68号』	北海道庁殖民部拓殖課	北海道庁殖民部拓殖課
『殖民公報第120号』	北海道庁殖民部拓殖課	北海道庁殖民部拓殖課
『北海道實業家営業案内：完 』	梶川梅太郎編	北海道図書出版合資会社
「グラヒック」臨時増刊 東宮殿下北海道行啓画報		有楽社
『開道五十年記念北海道』	沢　石太・工藤忠平　編	鴻文社
『北海タイムス　1905/8/13』		北海タイムス社
『北海タイムス　1905/10/19』		北海タイムス社
『北海タイムス　1914/9/13』		北海タイムス社
『北海タイムス　1927/8/20』		北海タイムス社
『北海タイムス　1930/12/21』		北海タイムス社
『札幌商工人名録』	札幌商工会議所編	札幌商工会議所
『札幌市商工要覧』	札幌市商工要覧編纂委員会	札幌市商工要覧編纂委員会
『北海道百番附』	矢谷　重芳編	矢谷　重芳
『定山渓鉄道案内』	定山渓鉄道株式会社運輸課 編	定山渓北辰舎
『札幌市おみやげ品案内』	札幌市物産協会編	札幌市物産協会
『北海道商工要覧』　昭和28年度版	北海道商工部編	北海道商工部
『北海道商工要覧』　昭和30年度版	北海道商工部編	北海道商工部
『HTBまめ本59　小樽ガラス物語』	大石　章	北海道テレビ放送
『石屋製菓50年記念誌』	石屋製菓株式会社50周年記念誌 編集委員会	石屋製菓株式会社
『千秋庵100/2年の歩み』	千秋庵製菓株式会社編	千秋庵製菓株式会社
『札幌みやげ』	札幌市経済部振興課観光係編	札幌市
『江差』	川竹駒吉	国書刊行会
『北海道旅行案内』	沢石太 編	鴻文社
『皇太子と北海道　御視察記念アルバム』	北海タイムス社編	北海タイムス社
『 啄木全集 第9巻』	石川啄木	岩波書店
『のぼり窯』	久保栄	新潮社
『全菓連30年史』		
大町桂月全集別巻『紀行』	大町桂月著	大町桂月全集刊行会
『全銘十年誌』	全国銘産菓子工業協同組合	全国銘産菓子工業協同組合
『北海道の旅』	北海道商工観光部編	北海道
『美しい日本ー北海道』ニュースガイド4	弘済出版社編集部編	弘済出版社
『開拓-北海道の歴史』	毎日新聞社編	毎日新聞社
『北の匠ー息づく伝統技術』	北海道新聞社編	北海道新聞社
『旅行者のための全国郷土みやげ』	日本交通公社	日本交通公社
『全国特産品製造家便覧』	日本物産奨励会 編	広報通信社
『北海道水産重要製品銘産品調査』	北海道水産試験場編	北海道水産試験場
『庭訓往来』		
『北海道遊覧案内』　昭和6年版	札幌鉄道局運輸課編	札幌鉄道局運輸課
『北海道：新風土記』		岩波書店
『函館市史』	函館市	函館市
『北海道の観光と産業』	北海タイムス社	

書名	著者名	発行所
『観光の札幌』	札幌観光協会編	
『観光北海道1960』	北海道新聞社編	北海道新聞社
『観光北海道1965』	北海道新聞社編	北海道新聞社
『札幌歴史写真集　大正編』さっぽろ文庫別冊	札幌市教育員会編	札幌市
『札幌歴史写真集　昭和編』さっぽろ文庫別冊	札幌市教育員会編	札幌市
『函館名産するめ』		函館市
『北見薄荷工場15年史』	北海道販売農業協同組合連合会編	北海道販売農業協同組合連合会
『北海道物産共進会報告』	北海道	北海道
『開拓使事業報告』	大蔵省	大蔵省
『小樽市総合博物館紀要第26号-p39-p49　小樽における菓子文化の基礎研究1』	櫻井美香	小樽市総合博物館
『好きです。さっぽろ　札幌観光協会50年記念誌』	阿部要介編	札幌観光協会
『札幌繁盛記』	木村　曲水（昇太郎）著	玉振堂、日盛館
『北海道観光百景』		北海タイムス社
『野幌部落史』	野幌部落会著	北日本社
『七飯町史』	七飯町編	七飯町
『興部町史』	興部町史編さん委員会編	興部町役場
『帯広案内』		帯広町役場
『北海道新聞』		北海道新聞社
『小樽新聞』		小樽新聞社
『津軽一統志』		
『全国うまいもの旅行』	日本交通公社編	日本交通公社
『東遊記』		
『北見市史』		北見市
『北海道の商工要覧』	北海道庁産業部商工課編	
『日本地誌略物産辨』		
『北見案内』		
『食道楽』	村井　弦斎著	報知社
『駅弁日本一周』	読売新聞社くらしの案内編	早川書房
『北見大観』	北見新聞社編	北見新聞社
『北海道案内』	札幌鉄道局編	北彊民族研究会
『岩見沢駅七十年史』		岩見沢駅
『岩見沢駅90年史』	岩見沢駅90年史編さん委員会	岩見沢駅長　竹田小太郎
『幌内鉄道史－義経号と弁慶号』	近藤　喜代太郎著	成山堂書店
『日本鉄道史　上篇』		鉄道省
『日本鉄道史　中篇』		鉄道省
『日本鉄道史　下篇』		鉄道省
『現代紀行文学全集　第６集　山岳篇』	志賀　直哉監修	修道社
『北海道遊覧案内』		札幌鉄道局
『全国鉄道と時刻表　１北海道』	高田隆雄／大久保邦彦監修	新人物往来社
『鉄道物語』	佐藤美知男著	河出書房新社

〈写真所蔵先一覧〉

※借用させていただきました写真のみ掲載しております。

頁	キャプション	所蔵先	資料名
2	大沼だんご	株式会社沼の家	
4	雪太郎	株式会社三八	
9	スモークサーモン	王子サーモン株式会社	
11	利尻こんぶしぐれ	株式会社北洋食産	
11	宝うに缶詰	礼文島船泊漁業協同組合	
12	ハム	株式会社函館カール・レーモン	
12	煉乳、バター・チーズ	雪印メグミルク株式会社	
12	アスパラガス	クレードル興農株式会社	
13	ニポポ	網走市観光協会	
13	木彫熊	北海道立総合博物館	熊の木彫り
13	熊ボッコ	有限会社トミヤ澤田商店	
13	優佳良織	株式会社北海道伝統美術工芸村	
25	わかさいもづくりに励む函寿（右）・幸蔵（左）他	株式会社わかさいも本舗	
29	大背飴・きびだんご	谷田製菓株式会社	
32	宇宙菓月の石	北海道立図書館	千秋庵100/2年の歩み
32	千秋庵店舗	札幌市公文書館	札幌市特産品案内　昭和14年
34	1980年代頃の社屋	北海道立図書館	石屋製菓50年記念誌
36	三八本店	株式会社三八	
41	旧住友赤平立坑	赤平観光協会	
45	片山久平商店	札幌市公文書館	札幌市特産品案内　昭和14年
58	吉乃屋	市立小樽図書館	
65	函館名産するめ	北海道立図書館	函館名産するめ　1954年
69	道具箱	北海道立総合博物館	道具箱
71	鮭献上箱	北海道立総合博物館	鮭献上箱
73	開拓使事業報告	北海道立総合博物館	開拓使事業報告
75	身欠き鰊製造	札幌市公文書館	東宮殿下行啓記念上・下
75	身欠のべ棒	北海道立総合博物館	身欠のべ棒　増毛町
77	てっこ	北海道立総合博物館	てっこ
80	背負もっこ	北海道立総合博物館	背負もっこ　増毛町
82	庭訓往来	北海道立総合博物館	庭訓往来
84	大黒屋本店商品	札幌市公文書館	札幌市特産品案内　昭和14年
86	ウニたも	北海道立総合博物館	ウニたも
88	北海道・樺太名産投票	北海道立図書館	昭和2年8月20日　北海タイムス
91	干鱈	北海道立総合博物館	干鱈
101	バターチャーン	北海道立総合博物館	バターチャーン
108	ハムを持つレイモン（元町工場）	株式会社函館カール・レーモン	
110	馬鈴薯澱粉の商標	北海道立総合博物館	馬鈴薯澱粉の商標
112	海外への輸出用ラベル	北海道立図書館	北見薄荷工場十五年史
114	クレードルアスパラガスのしおり	クレードル興農株式会社	
114	アスパラガス罐詰	北海道立図書館	北海道商工要覧　昭和28年
115	甜菜糖の布袋	北海道立総合博物館	甜菜糖の布袋
121	北海木工芸社	北海道立図書館	北海道商工要覧　昭和30年
123	置物	北海道立総合博物館	置物（男性人形・女性人形）
125	古いニポポ	網走市立郷土博物館	
127	熊ボッコ	有限会社トミヤ澤田商店	
129	カップ	北海道立総合博物館	カップ
131	黒曜石	北海道立総合博物館	黒曜石
133	木内　綾	株式会社北海道伝統美術工芸村	

頁	キャプション	所蔵先	資料名
135	アッシ織の順序	北海道立総合博物館	アッシ織の順序
140	津軽一統志	北海道立図書館	津軽一統志　巻　10の上
142	開拓使のお雇い外国人たち	北海道大学附属図書館	開拓使顧問ケプロンその他の御雇アメリカ人たち
143	開拓使麦酒醸造所　　明治14年	札幌市公文書館	サッポロビール沿革誌より
144	北海道庁　明治22年頃	北海道大学附属図書館	北海道庁庁舎正面
145	帝国製麻株式会社札幌製品工場明治末頃	札幌市公文書館	東宮殿下行啓記念上・下より明治44年
146	富士製紙　明治末頃	札幌市公文書館	東宮殿下行啓記念上・下より明治44年
147	王子製紙株式会社苫小牧第1発電所　明治末頃	北海道大学附属図書館	王子製紙株式会社苫小牧第1発電所外景
148	開道五十年記念北海道博覧会会場正門	国立国会図書館	開道五十年記念北海道博覧会事務報告より　大正7年
149	人々で賑わう　開道五十年記念北海道博覧会	国立国会図書館	開道五十年記念北海道博覧会事務報告より　大正7年
150	北海道・樺太名産投票	北海道立図書館	北海道タイムス　昭和2年8月20日
151	北海道・樺太名産投票	北海道立図書館	北海道タイムス　昭和2年8月21日
152	札幌市特産品案内　大正14年	札幌市公文書館	札幌市特産品案内　大正14年
153	札幌グランドホテル　　昭和9年以降	札幌市公文書館	絵葉書　札幌グランドホテル　昭和9年以降
154	札幌市特産品案内　昭和14年	札幌市公文書館	札幌市特産品案内　昭和14年
158	第2回さっぽろ物産まつり　昭和43年	札幌市公文書館	第2回さっぽろ物産まつり

あとがき

矢島睿は、平成22（2010）年8月18日急性リンパ性白血病により亡くなりました。本人は生前から〝北海道におけるみやげの歴史〟を銘菓・水産加工品・農産加工品・木工・民芸品等の分野から考察し、執筆に取り組んでいました。

日々、資料収集・調査を行い最終の整理・まとめの段階まで進んでいた矢先に病に倒れました。

この急な病に冒されながらも病室で最終原稿の作成にとりかかっていましたが、病状はさらに悪化、再発、ついに帰らぬ人となってしまいました。

それから6年の時を経てようやく出版することがかないました。

この本は矢島睿が長く生活文化研究に携わってきたものとして、今日の北海道の特産品や名産品は近世松前藩の時代や明治開拓の初期から永く受け継がれたもの、又、つい最近になってから製造され人気になったものなどをまとめたものです。これらはすべて北海道の歴史から生まれたものであり、地域の文化や産業の基盤をなすものといえます。

その魅力ある品々を紹介することは、今後の北海道の生活文化の創造につながるものと信じております。

この矢島睿の思いが少しでも多くの方々に伝わることを願っております。
なおこの本を作成するにあたり、取材・調査にご協力いただいた皆様に心より感謝申し上げます。また中西出版のスタッフの皆様にいろいろ御協力いただき、心より御礼申し上げます。

平成28（2016）年6月18日

矢島　由紀子

■著著プロフィール

矢島　睿（やじま　さとし）

昭和11年9月13日生まれ。

国学院大学で民俗学、日本史学を学ぶ。昭和42年北海道百年記念事務局に入り、北海道開拓記念館開設準備に従事。開館後、学芸員、事業部長を経て退職。その後も、民俗学研究を多数残す。平成22年8月急逝。

著書　『北海道の祝事』明玄書房、『北海道の葬送・墓制』明玄書房、『北海道の研究　第7巻　民俗、民族編』清文堂出版、『北海道 鉄道の旅』中西出版

矢島さとしのまるごと

北海道みやげの歴史

二〇一六年八月十八日　初版第一刷発行

著　者　矢島　睿

発行人　林下　英二

発行所　中西出版株式会社

〒〇〇七－〇八二三

札幌市東区東雁来三条一丁目一－三四

ＴＥＬ　〇一一－七八五－〇七三七

カバー　高橋広朗

イラスト　伊藤栄子・伊藤広希

印　刷　中西印刷株式会社

製　本　石田製本株式会社